《清末民国检察专著集注丛书之三》

检察制度详考

薛伟宏 薛远 点校
张智远 王枢 王炽昌 笔述
[日] 冈田朝太郎
松冈义正
小河滋次郎 口授
志田钾太郎

中国检察出版社

图书在版编目（CIP）数据

检察制度详考 / 张智远，王枢，王炽昌笔述 . — 北京：中国检察出版社，2020.11
ISBN 978-7-5102-2491-1

Ⅰ. ①检… Ⅱ. ①张… ②王… ③王… Ⅲ. ①检察机关—司法制度—研究—中国—近代 Ⅳ. ① D929.5

中国版本图书馆 CIP 数据核字（2020）第 196943 号

检察制度详考

薛伟宏　薛远　点校　张智远　王枢　王炽昌　笔述
［日］冈田朝太郎　松冈义正　小河滋次郎　志田钾太郎　口授

出版发行：中国检察出版社
社　　址：北京市石景山区香山南路 109 号（100144）
网　　址：中国检察出版社（www.zgjccbs.com）
编辑电话：（010）86423703
发行电话：（010）86423726　86423727　86423728
　　　　　（010）86423730　68650016
经　　销：新华书店
印　　刷：保定市中画美凯印刷有限公司
开　　本：710mm×960mm　16 开
印　　张：19
字　　数：244 千字
版　　次：2020 年 11 月第一版　2020 年 11 月第一次印刷
书　　号：ISBN 978-7-5102-2491-1
定　　价：66.00 元

检察版图书，版权所有，侵权必究
如遇图书印装质量问题本社负责调换

【凡　例】

1.《清末民国检察专著集注丛书》（以下简称"本丛书"）由"日本法学四博士"讲义口授[①]，张一鹏笔述《检察讲义》，郑言笔述宣统版《检察制度》，张智远、王枢、王炽昌笔述《检察制度详考》，熊元翰编辑《检察制度》（以上四书统称为"中国检察第一书——四胞胎"），张跃鸾述《检察实务》、毛家骐编著《检察官办案实用》、陈则民等著《废检察制度之运动》、庄作铭著《检察制度之研究》、陈刚编著《刑事审检实务》等清末民国检察专书，以及与本丛书相关的检察法律集注、编校而成。与此同时，它属开放性丛书，可随时增补。

而"日本法学四博士"何许人也？日本冈田朝太郎、松冈义正、小河滋次郎、志田钾太郎"法学四博士"是也（如下图1所示）。

图1　左起：冈田朝太郎、松冈义正、小河滋次郎、志田钾太郎

冈田朝太郎（1868—1936年）：日本近代著名法学家、刑法学家。1906年9月29日至1915年9月应清政府重金礼聘，来华出任修订法

---

① 之所以称之为"讲义口授"，中国检察第一书之内容的大量省略，便是明证。

律馆调查员,并兼任京师法律学堂教习。① 曾参与《大清刑律》《大清刑事诉讼律》《大清法院编制法》等法律草案的起草。

松冈义正(1870—1939年):日本近代著名法学家、民法学家、民事诉讼法学家。1906年受清政府重金聘任来华,任京师法律学堂教习,并讲授民法总则、物权、债权、亲族法、相续法(即继承法),民事诉讼法和破产法。

小河滋次郎(1861—1925年):日本近代著名法学、监狱学家。1908年受清政府重金聘任来华,担任修订法律馆顾问,并帮助清廷完成改善狱制任务,同时在京师法律学堂讲授监狱学。

志田钾太郎(1868—1951年):日本著名民商法学家。1908—1912年来华,在修订法律馆协助清政府起草商法——《大清商律草案》。② 同时,在京师法律学堂讲授商法总则、会社法(即公司法)、有价证券、船舶(即海商法)和国际私法等课程。

---

① 修订法律馆:清末民国初年中央政府设立的专门修订法律的机构。北洋政府曾设立法典编纂会,1914年更名为法律编查馆,1918年又改称修订法律馆。京师法律学堂:中国官办第一所法律专门学校。清光绪三十一年(1905年)修订法律大臣沈家本(1840—1913年)、伍廷芳(1842—1922年)等为实施新法、培养裁判专门人才,为各省佐理新政、分治地方之用,奏设于北京。以造就已仕人员,研精中外法律,使具政治知识为宗旨。三年毕业,招收各部属员。课程第一年为《大清律例》及唐明律、现行法制及历代法制沿革、法学通论、经济通论、国际法、罗马法、民法、刑法、外国文及体操;第二年为宪法、刑法、民法、商法、民事刑事诉讼法、裁判所编制法、国际公法、监狱法、诉讼实习、外国文及体操;第三年为宪法、刑法、民法、商法、民事刑事诉讼法、国际私法、行政法、财政通论、诉讼实习、外国文及体操。另设速成科,一年半毕业,课程与本科大致相同,内容较简略。宣统元年(1909年)甲班毕业,二年乙班毕业。1912年5月,并入北京法政专门学校。

② 1909年《大清商律草案》于修订法律馆脱稿,成为中国第一部现代商法,但因不符合国情未能颁行。

现在看来,我国最早的四本检察专著,①是以日本法学四博士的最初讲义口授为蓝本的;没有他们来华的讲义口授,中国检察第一书也不会诞生。

2. 为保证本丛书的原汁原味,集注、编校过程中所用工具书,主要包括:[日]清水澄编,张春涛、郭开文译:《法律经济辞典》,上海群益书社1909年版、上海人民出版社2014年重印出版;李祖荫主编:《法律词典》,北京朝阳大学1927年编印、上海人民出版社2014年重印出版;余正东主编:《法律政治经济大辞典》,上海长城书局1932年版;汪翰章主编:《法律大词典》,大东书局1934年版、上海人民出版社2014年重印出版;中国大辞典编纂处编:《国语辞典》,商务印书馆1937年版;本书编写组编:《简明法制史辞典》,河南人民出版社1988年版;高潮、马建石主编:《中国古代法学辞典》,南开大学出版社1989年版;徐复等编:《古汉语大词典》,上海辞书出版社2000年版;本书编写组编:《古代汉语词典》,商务印书馆2006年版,以及互联网在线《汉典》等。

3. 除对原著作适当校点、校订、校勘、校正、校注等技术性处理外,极力保持其内容与形式的返璞归真:

(1)原著竖排的,均改为横排;原文中"如左""如右"之类,亦均改为"如下""如上"。

(2)原著繁体与异体字,均按国家语言文字工作委员会《第一批异体字、异形字整理表》(2002年3月31日)、国务院《通用规范汉字表》(2013年6月5日)等法规规定,改为规范的简体字与正体字。

(3)原著中有些字词,如"发见"(发现)、"豫审"(预审)、"身

---

① 所谓专著亦称专书,即"就某方面加以研究论述的专门著作";专书即"就某一专题而编写的专著",著作即"用文字表达意思、知识、思想、感性等的著作成品"。(参见中国社会科学院语言研究所词典编辑室:《现代汉语词典(修订本)》,商务印书馆1999年版,第1650、1647页)

分"（身份）、"各人"（个人）、"审察"（审查）、"干与"（干预）、"与以"（予以）、"回复"（恢复）、"无庸"（毋庸）、"申述"（申诉）等现在不常用者，均按照现在字词校正。

（4）原著无标点或者使用不规范者，均按国家技术监督局、国家语言文字工作委员会、新闻出版署《标点符号用法（GB/T15834-2011）》（2011年6月1日）校点。

原著所引法典、著作名称未加书名号者，均加书名号。

（5）原著数字使用不规范者，均按国家质量监督检验检疫总局、中国国家标准化管理委员会《出版物上数字用法的规定（GB/T15835-2011）》（2011年1月1日）校正。

（6）原著法律条文、年份数字不规范者，如"第一百十条""第二百十条""第二百七条""第八十之三条""一千八百七十八年"，均改为"第一百一十条"或"第110条"、"第二百一十条"或"第210条"、"第二百零七条"或"第207条"、"第八十条之三"或"第80_3条"、"1878年"。

另外，为区分中国与外国法律，前者用汉字数字表示条文顺序，后者则用阿拉伯数字表示条文顺序。

此外，值得注意的是，旧中国法条之"款"，相当于大陆现在法条的"项"；而大陆现在法条之"项"，则相当于旧中国法条的"款"。

（7）原著无段落划分者，均作适当划分；正文小标题混乱者，均加以统一。

（8）对原著中有些"案"或"按"之内容，适当调整，并加"【】"以示突显，且内容均改为楷体与正文宋体有别。

（9）图用"图＋阿拉伯数字"每卷连续表示。

（10）对原书中日语、英语、法语、德语、拉丁语等外文词汇照搬照抄，但可能与现今该文相应词汇有所出入。

4. 鉴于本丛书所集专书面世时间久远，经多方寻找，难以找到所

集专书原著者、笔述者、编辑者，望所集专书著作权所有人见此说明后，请与我们联系，以便解决相关事宜。

5.鉴于原著面世时代久远以致字迹不清，以及点校者学养所限，书中难免存在谬误，望阅者海涵、雅正。

【简　介】

若从记录、编辑特别是出版、发行抑或面世时间的早晚上说，由"日本法学四博士"（如上图1所示）讲义口授，张智远、王枢、王炽昌笔述的《检察制度详考》，既是中国诞生第三早的检察专著，也是"中国检察第一书——四胞胎"中之"老三"；既不愧为"中国检察第一书"美誉，也可视作欲入中国检察殿堂乃至诉讼特别是刑事诉讼之门的"敲门砖"。

另外，《检察制度详考》原书16开、繁体、竖排、298页，依次包括：封面、封二、前衬页、书名页、序、例言、检察制度详考目录、正文、版权页、后衬页、封三、封底12部分。在"四胞胎"中字数排名第二，近11万字。

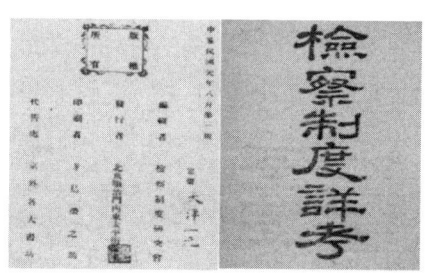

图2　左起：原书版权页、书名页

---

① 张智远（生卒不详）：四川宜宾人，清末民初司法人士，中共党员。与徐谦同为光绪二十九年（1903年）进士，徐谦为第8名、张智远为第68名。后留学日本，以第一届第一名的优异成绩毕业于日本法政大学速成科第四班。回国后，曾任京师地方审判厅署理推事和刑二庭推事、高等检察厅及大理院总检察厅检察官等职。王枢（生卒不详）：清末民初司法人士，曾任热河省经棚县（现内蒙古自治区克什克腾旗）县令。王炽昌（生卒不详）：清末民初司法人士。1911年10月任山西省猗氏县县长。

此外，原书封面与书名页为隶书竖排"检察制度详考"六个繁体字；版权页左起繁体字："中华民国元年八月第一版、版权所有、定价大洋一元、编辑者 检察制度研究会、发行者 北京顺治门东大街（篆书）（徐谦之印）、印刷者寺岛荣之助、代售处 京外各大书坊"（如上图2所示）。其中，"检察制度研究会"无疑是中国较早的有关检察制度的研讨会（或论坛）。究其原因及经过、盛况：

一如张一鹏笔述《检察讲义》自序所云："岁戊申（1908年），京师审判厅开检察研究会"，指出了检察（制度）研究会的举办时间、地点和主办者。

二如郑言笔述民国版《检察制度》之自序所言："戊申（1908年）春杪……惜哉徐季龙厅丞方与开创京师地方审判厅之役未竟，①厥诣而升高等检长。每谓法律不备，办事鲜依据，即形式亦难渐进文明。且以检察职务同僚多未谙习，临事每有龃龉，②乃发起检察研究会于京师法律学堂。请之修律大臣沈敦老，即以法律学堂教员担任讲演，都凡一月蒇事于是。在京司法人员，乃益谙知检察职务"，③揭示了举办"检察（制度）研究会"的背景、主旨、组织者、参与者、起止时间。

三如张智远、王枢、王炽昌笔述《检察制度详考》之徐谦序中所曰："余昔以不才，忝为检察官首长，深惧弗稽厥职。爰谋之前，司法大臣商诸同僚，④并得友邦法学家之赞成。于是，京师法律学堂开检察制度研究会，号召同志，与会者达二百人。时当戊申季冬，严风朔

---

① 厅丞：检察机关之首脑、长官、法定代表人，类似现今的检察长。
② 龃龉：比喻意见不合，互相抵触。
③ 参见［日］冈田朝太郎、松冈义正、志田钾太郎、小河滋次郎口授，郑言笔述，蒋士宜编纂，陈颐点校的《检察制度》（民国版）之序，中国政法大学出版社2003年版，第1页。
④ 司法大臣：指戴鸿慈（1853—1910年），中国近代首位司法部长。1906年清政府改刑部为法部并设司法大臣，监督大理院及全国审判、检察事务，以维法治。

雪，同人走学，不少懈，凡20余日"，展现了"检察制度研究会"的空前盛况。而由上可见，"检察（制度）研究会"实为检察制度"培训、研讨、论坛"，并非现今以检察制度为研究对象的"组织"。

再者，《检察制度详考》口授与笔述者姓名，分别在原书正文各编开头标注。而正文内容依次包括：①第一编"关于刑事法之部"——［日本］冈田朝太郎口授，（歙县）徐谦鉴定、（宜宾）张智远笔述。②第二编"关于民事法之部"——［日本］松冈义正口授，（歙县）徐谦鉴定、（三台）王枢笔述。③第三编"关于行刑法之部"——［日本］小河滋次郎口授，（歙县）徐谦鉴定、（三台）王枢笔述。④第四编"关于国际法之部"——［日本］志田钾太郎口授，（歙县）徐谦鉴定、（湘潭）王炽昌笔述。每编又包括总（绪、通）论、各（本）论与诸章、节、款。

序

　　检察制度，于中国古无闻焉。夫立宪之精义不明，司法与行政之分在今日尚多疑义。又况于司法中，审判、检察复分其职焉。殆未有不以为多事，面目为无用者，若是乎？①

　　今之为检察官者之难言尽职也，而检察局之配置于法院也。欹者，②为之如旧日刑部之收发所，③当月司其事务亦仅至检验尸伤而止；而强者，④为之又或干涉审判过犹不及。⑤内部之冲突既生，⑥外部之攻击以起，而司法独立之义且为诟病。若是乎？检察一职之不可不讲明也。

　　余昔以不才，忝为检察官首长，深惧弗稽厥职。⑦爰谋之前，⑧司法

---

① 殆：危害；面目：外表、形态；若是乎：果真是这样吗？
② 欹：否定、曲解、歪曲。
③ 刑部：中国古代官署。光绪三十二年（1906年），清政府宣布仿行宪政，将刑部改称法部。原刑部职责包括审定各种法律，复核各地送部的刑名案件，会同九卿审理监候的死刑案件以及直接审理京畿地区的待罪以上案件。
④ 强：肯定、主张。
⑤ 过犹不及：事情做得过头，就跟做得不够一样，都是不合适的。
⑥ 值得注意的是，新中国成立以前，有时"既"与"即"相通、不分。
⑦ 忝：勉强，有愧于；弗稽厥职：克尽厥职，尽职尽责做好工作。
⑧ 爰谋：开始谋职、上任。

大臣商诸同僚，并得友邦法学家之赞成。于是，于京师法律学堂开检察制度研究会，号召同志，与会者达二百人。时当戊申季冬，①严风朔雪，同人走学，不少懈，凡20余日。于检察制度散见各法者及近今之趋势，已讨论靡遗。②

其主讲席者，刑事法为冈田朝太郎，民事法为松冈义正，行刑法为小河滋次郎，国际法为志田钾太郎。萃四博士之崇论闳议，而同人从而笔述之，于是裦然成巨册；于审检分职之故，固已厘。然有当而确乎？其有所持循矣。③

来年，全国司法机关将一律成立。其组织之完善，人才之众多，④必且远过京师。然缔造之艰，同人实所备尝，思以是。书公之同好，嘱序于余。⑤余惟检察一职，对于审判有相辅相成、相反相成之妙用。⑥

往岁尝徧游欧美见，⑦夫采用检察制度之国，其权限之大小虽颇不同，而其所以用之者，则莫不出于一轨亦可以知，斯制之为恒经，⑧而为将来所不易者矣。

夫检察制度者，基于国家之公诉权而成立者也。不告不理之原则，审判上不分民刑皆适用之。而有诉讼起灭，⑨（至）任意自由（之诉）之弊，而法益因之而为侵害。⑩

---

① 戊申季冬：1908年冬季。
② 靡遗：没有遗漏。
③ 萃：荟萃；崇论闳议：高明、卓越、宏大的议论；同人：同仁；裦：通"饱"，盛满、丰盛；故：缘故；固：固然；厘：分清、确定；有当：犹言有定数；持循：遵循。
④ 人才：通"人材"，指人的品貌、才学。
⑤ 备尝：尝尽；书公：衙门里的书办，书办即文秘；嘱：托付。
⑥ 惟：认为、思量；相反相成：指两个对立的事物既互相排斥，又互相促成。
⑦ 尝：曾经；徧游：周遍游历，到处游览。
⑧ 斯制：即检察制度；恒经：即"横经"：横陈经籍，之"蓝本"。
⑨ 起灭：时隐时现。
⑩ 法益：法律所保护的利益；因之：依据它。

盖犯罪者社会之公敌，而受侵害者，非他固国家也。① 使对于审判之原则无公诉权以救济之，则公诉之起灭亦将委之私人，则法令于以乱秩序；于以乱，而国家且不能保其治安。此所以检察官代表国家而为原告人官，实以提起公诉为惟一之职务，斯义也。非惟大陆法如是，即英美法亦莫不如是。然后规定多级审判之国，欲尽攻击之方法以保审判之公平。乃予检察官以上诉之职权，则后起之事也。

若夫世界之立宪国，其司法与行政无不分者。而司法上之行政则或分或不分，而执行刑事判决之职务为大陆法之所同。而英美法则否。盖英美无法部，而司法上之行政与普通行政无别，其趋之异乃如此。

夫同司属司法独立，而其异点，有如有专用陪审制度者，有兼用陪审及检察制度者，有专用检察制度者。

最后之制于近今世界有三国焉：一曰荷兰，二曰日本，其三即中国也。此诸国者，其检察长一职或组织于内阁，而检察官具有行政官之性质，其法律上之保障不若审判官之巩固。而中国《法院编制法》之规定，检察官与审判官固受同等之保障，而检察长之进退亦以法律定之，而不受内阁之影响焉。

于司法三职之义，尤为优长。然则我同人其可不三复，是书以求尽厥职乎？② 斯固四博士所未言，而余独有见于此，请以质之同人。

是为序。

时在辛亥之夏，歙北徐谦③

---

① 固：本来，限于。

② 三职：检察、辩护和审判；优长：各有各的优点；三复：反复；是：此、本。

③ 辛亥之夏：1911 年的夏天；歙北：（安徽）歙县北。

【例言】

检察制度散见各种法律，并无专书研究。法学者苦难贯穿。方今司法独立，检察之制系属创设及宜讲明，以资参考。是书概括、靡遗，①实为当务之急。

第一，书分四编，萃日本四大博士之讲义。复经编辑者详为笔述，并就办事之经验加以评论，以饷阅者。

第二，书虽系参考书，而其内容皆与现行法令或未经颁布之法律草案习习相通，于应用上实有必要之价值。

第三，书以"四博士"之讲义，为正文；其口授者，则低一格以录之；而编辑者之评论，则加"某按"以示区别。

第四，书所用名词均取现行者，惟涉及外国制度之处，则未便冠以中国名词。故仍照日译以示区别。

第五，书名词兼录西文关于国际法一编，更详征各国名词，以备参考。②

---

① 靡遗：毫不遗漏。
② 更：变更、又、再。

目录

凡例 1

简介 1

序 1

例言 1

第一编 关于刑事法之部 1

绪论 3

第一章 检察制度之起源 3

第一节 经过之顺序 5

第二节 采用之分合 6

第二章 法国检察制度之沿革 10

本论 18

第一章 检察厅之组织 18

第一节 检察厅之配置 18

目录

第二节 检察官之定员、官等及俸给 20

第三节 检察官之任免 22

第四节 检察官之补助机关及辅佐员 27

第五节 检察厅书记课 30

第二章 检察厅之权限 31

第一节 概论 31

第二节 公诉之准备 46

第三节 公诉之提起 71

第四节 公诉之实行 80

第五节 裁判之执行 96

第三章 （检察）事务章程及监督 97

第一节 （检察）事务章程 97

第二节 检察官之监督 98

目录

第二编 关于民事法之部 101

第一章 总论 103
- 第一节 检察制度之概略 103
- 第二节 检察制度之意义 107
- 第三节 检察厅之组织 108
- 第四节 检察厅之权限 114
- 第五节 检察权限之结论 116

第二章 民事诉讼 118
- 第一节 检察官之共力 118
- 第二节 检察官参与人事诉讼之范围 121
- 第三节 检察官参与破产诉讼之方法 137
- 第四节 检察官参与诉讼上之救助 138

第三章 非讼事件 140

目录

各论 171

第一章 死刑 172

第二章 自由刑 184

第三章 自由刑之利害 207

通论 149

第一章 行刑之意义及其在刑事制度上之地位 149

第二章 行刑之要件 155

第三章 停止行刑之理由 162

第三编 关于行刑法之部 147

附言 144

第三节 检察官参与商事非讼事件之方法 142

第二节 检察官参与民事非讼事件之方法 140

第一节 检察官之共力 140

目录

第五节 内容 243

第四节 有治外法权之人及物 240

第三节 意义 239

第二节 沿革 237

第一节 名称 237

第一章 治外法权 237

绪言 234

各论 234

第二章 职权范围上之差异 230

第一章 组织上之差异 229

总论 225

第四编 关于国际法之部 223

第四章 行使刑罚权之保护任务 218

第二章 领事裁判权 246
　第一节 名称 246
　第二节 沿革 246
　第三节 意义 247
　第四节 内容 249
第三章 混合裁判所 252
　第一节 名称 252
　第二节 沿革 252
　第三节 意义 254
　第四节 编制及权限 255
第四章 在国内适用外国法与在外国适用国内法 257
　第一节 国际私法 261
　第二节 国际刑法 263

第二节 国际间之犯罪人引渡 269

跋 274

第五章 国际的诉讼共助及犯罪人引渡 267

第一节 国际的诉讼共助 267

第五节 国际破产法 266

第四节 国际刑事诉讼法 265

第三节 国际民事诉讼法 264

第一编 关于刑事法之部

---

① 本编为"[日本]冈田朝太郎口授,(歙县)徐谦鉴定,(宜宾)张智远笔述",并印在原书本编编名页上。

绪 论

第一章 检察制度之起源

第二章 法国检察制度之沿革

本 论

第一章 检察厅之组织

第二章 检察厅之权限

第三章 （检察）事务章程及监督

绪 论

第一章
检察制度之起源

古（往）今来，各国刑事诉讼大率不外两种方式，① 即一纠问式，二弹劾式是也。② 凡审判官审判刑事案件，不待他人起诉径行审判者，属纠问式；必待他人起诉始行审判者，属弹劾式。盖前者之主义乃无告而理，而后者之主义则不告不理。此二式之大别也。

纠问式与弹劾式为检察制度发达之渊源。③ "纠问"与"弹劾"二（词）语，乃采用欧西刑事制度用为刑事诉讼上之专名。④ 即拉丁文之inquisitio（译之即"纠问"之意）、accusatio（译之即"弹劾"之意）。二（词）语之意义，即无告而理之主义与不告不理之主义是也。

弹劾式又细别为三种：①个人弹劾式。由被害人或其亲族起诉；②公共弹劾式。除未成年者（未及岁者）、有心疾者及妇女、奴隶等之外，⑤ 凡国民皆得起诉；③国家弹劾式。惟国家有起诉权，而其起诉则委任机关为之是也。

---

① 大率：大概、大略、大致。
② 值得注意的是，新中国成立以前，有时"即"与"既"相通、不分。
③ 发达：发展。
④ 欧西：泛指欧洲及西方各国。
⑤ 未及岁：尚未达到刑事责任年龄的。

【按】①个人弹劾式者,例如,中国命、盗案件大抵由被害者或其亲族起诉,而后为之审理是也。

公共弹劾式者,欧西各国古即有之。乃对于国家及社会犯罪,无直接被害之人,除未成年者、妇女、无能力者、有心疾者、智识不完全者、奴隶、无人格者数种人外,②无论何人皆可起诉。例如,罗马法(规定)将军出征时有不法或不当之行为,③虽不能指出直接被害之人,然于全国有利害关系。故凡罗马人皆得弹劾之,以其所犯系公罪也。④其弹劾之方式,罗马语有所谓 detegi 者(译之即"公开地"之意);其地有所谓 atrium 者(译之即"法庭"之意)。然(法庭)并无房屋,仅设一公案;⑤国民弹劾公罪者,审判官于此受理之。希腊与埃及古来之制度,亦与此大略相同。

惟希腊之制,国民弹劾公罪不能尽通法律,可公选一能言之人使之起诉,名曰"oratore"(译之即"辩士"之意)。实开后世律师(辩护士)之端绪。⑥盖原告人可请能言之人以起诉,被告人

---

① "按":通"案",(编者、作者等)在正文之外所加的说明或论断;而本书【按】多为讲义口授者"日本法学四博士"、鉴定者徐谦所加。

② 无能力者:无刑事责任能力的人。

③ 罗马法:古罗马奴隶制国家的法律总称。其中最完备、对后世影响最大的是私法(民法,包括诉讼程序),故常以罗马私法视作罗马法的同义语。它既包括自罗马国家产生至西罗马帝国灭亡时期的法律,以及皇帝的命令、元老院的告示、成文法和一些习惯法在内,也包括公元7世纪中叶以前东罗马帝国的法律。而除英国之外的欧洲各国法律,大多源于罗马法。

④ 公罪:侵犯公共利益之罪。

⑤ 公案:指官吏审理案件时用的桌子。

⑥ 端绪:头绪、端倪。

亦可用能言之人为申辩也。①

国家弹劾式者，由国家特设机关以起诉，即今之检察制度是也。

前述之纠问式及三种弹劾式于历史上经过之次序，及采用之分合并无一定之原则。兹分析言之，如下：

【按】所谓经过者，乃纵观各时代，于此四种方式，历史上有无先后顺序之谓也；所谓分合者，乃横观一时代，于此四种方式实际上分用一种或合用数种之谓也。

第一节　经过之顺序

法国硕儒ガロオ氏，②曾于其所著《刑事法要论》中论个人弹劾式，乃未开时代之法，③其起源最早；后则变为公共弹劾式；又其后乃发生纠问式，至国家弹劾式乃最后发达者。此说虽似近理，然多数之国其最初，或并用个人弹劾式与公共弹劾式者有之，或专用纠问式者有之，或并用此三式者有之，固无最初专用个人弹劾式之例。④惟国家弹劾式

---

① 值得说明的是，在我国，一是1979年7月1日《刑事诉讼法》颁布之前，刑事诉讼中"被告人"与"被告"、"原告人"与"原告"混用；之后，统一为"被告人"与"原告人"；二是1982年3月8日《民事诉讼法（试行）》颁布之前，民事诉讼中"被告人"与"被告"、"原告人"与"原告"混用；之后，统一为"被告"与"原告"；三是1989年4月4日《行政诉讼法》颁布之前，行政诉讼中"被告人"与"被告"、"原告人"与"原告"混用；之后，统一为"被告"与"原告"。

② 硕儒：大师；ガロオ：法国法学家 Garraud, Jean René（1849—1930年）。

③ 开：开化。

④ 固：原本、本来。

为最后发达之说，实为确凿可据。但至今仍有未采用此制者，如英国是也。

【按】据法儒ガロ才氏云经过之顺序，以个人弹劾式为第一期，公共弹劾式为第二期，纠问式为第三期，国家弹劾式为第四期。然其说考之，各国历史实无根据。

大抵最初有并用个人及公共弹劾式者，有专用纠问式者，有兼用此三式者，惟国家弹劾式为最后发达之说为可信。然今英国尚未采用此制度。

之此四种方式，各国采用之先后不同。历史上无一定之顺序可考，未可一概言之也。

第二节　采用之分合

纠问式及弹劾式不独于经过，上无一定之顺序，且于其分合上亦无不变之原则也。

【按】犯罪有两大区别：一以个人为直接被害人，如谋故杀、伤、强盗、窃盗是；① 一不以一个人为直接被害人，而以侵害团体之利益为准。如谋反、渎神、背伦等是。② 但国家思想未发达之际，③ 凡侵害个人之罪必待个人起诉，而后审判之；侵害团体之罪则必待团体（人）员起诉，而后审判之；遂至有并用个人弹劾式

---

① 谋故杀：谋杀与故杀。其中，谋杀指二人以上合谋杀人，故杀指故意杀人。伤：伤害；强盗：以暴力夺人财物；窃盗：偷窃盗取他人财物。

② 渎神：对神明不敬；背伦：违背常伦。

③ 发达：开化。

与公共弹劾式之例。

犯罪有两区别：一则侵害个人，一则侵害团体。个人弹劾式与公共弹劾式，即因之而起。"讲义案"内"谋反"二字包括"内乱""外患"言，与《大清律》不同。

渎神云者，因希腊、罗马有代表一国之神。如罗马之magni dei（大神）及volcanum tellus（火神）等是。有毁此神庙宇者，即为渎神罪。其大神之庙，在cusieoeis山之上；①火神之庙，则在fornm（空地）上，有女官六人司之。凡对此二神有不敬之行为者，作为罗马全国之犯罪。

背伦云者，即关于亲子、兄弟等血族奸非之类。②在罗马法以为害全国风仪之罪。此等犯罪即无直接被害人。

罗马分犯罪为公罪、私罪两种。私罪有直接被害人，公罪无直接被害人，与中国所谓公罪、私罪不同。中国以私人犯罪为私罪，官吏因公犯罪为公罪。

日本自输入中国法律后，亦有公罪、私罪之分，与中国同当。中国法律未输入时代，则有天罪、国罪之别，与罗马相类。

总之，当国家思想未开之际，侵害个人之罪即由个人起诉，侵害团体之罪即由团体（人）员起诉。因此，并用个人弹劾与公共弹劾二式。试参照西洋历史，即可得其大凡矣。③

苟采用限于私人起诉之主义，④则或因畏势或因贪贿或因故，弃不即起诉者有之是。虽有犯罪者，而国家不得行其审判，个人弹劾式及公共弹劾式俱不免有此弊。故或关于一定之犯罪使被害人或其亲族担

---

① cusieoeis：山的名称。
② 奸非：邪恶不法或者是特指男女通奸罪。
③ 大凡：大概、大要。
④ 苟：苟且、如果、倘若、假使。

负起诉之义务，或由公共选定适当之人委任起诉之事务，或特派一定之人监督私人之诉讼，或不待他人起诉由审判官用纠问式审判案件此等制度，均由补救私人起诉主义之缺点。而设检察制度，即胚胎于此主义之中。① 盖此制度于法理上，实因欲完全行使刑事诉权，代私人弹劾式及纠问式而发生者也。

【按】无论个人弹劾或公共弹劾，皆可谓为私人起诉。纯用此主义，往往遇有犯罪竟无起诉之人。其理由有三：一畏势。例如，加害者为有势力之人，被害者恐其力不足以相抗，或反重蒙其害，乃抛弃起诉权是也。二贪贿。例如，被害者得加害者之贿赂，而与之私和是也。三放弃。例如，被害者以为既以受害虽起诉无益遂放任而不起诉是也。此皆专用私人起诉之弊。

欲救此弊，故关于一定之犯罪使被害人或其亲族负起诉之义务。例如，父被人仇杀，应由其子起诉，不诉则坐以罪；或公共选定适当之人委任起诉。例如，希腊委任辩士起诉。此等辩士或由临时选定或由平时公选；或特派一定之人监督私人诉讼，以防犯罪不起诉之弊；或不待他人起诉由审判官自行纠问，而审判之。凡此皆由补救私人起诉之缺点。而设检察制度，即胚胎于此主义之中。

---

① 胚胎：萌芽、孕育、坐胎。

以上所言，非历史上之沿革，乃法理上自然之顺序。因私人弹劾式有种种流弊，检察制度乃因而发生者也。①

---

① 但现在看来，若从诉讼沿革视角看，好像检察制度随刑事诉讼特别是其中公诉的产生而产生。但是，"三大诉讼"中谁又出现的最早？通常认为，一方面，民事诉讼最早，刑事诉讼次之，行政诉讼最晚。另一方面，检方（即检察机关及其内设机构、检察人员的统称）对诉讼活动的介入时间，也依次为民事检察、刑事检察和行政检察。这一点，可在下一章——"第二章法国检察制度之沿革"抑或检察制度诞生之母国——法国检察制度诞生，得以佐证。与此同时，若从有国必有法，法贵在实施，实施贵在监督（因为实施法律的人必有七情六欲，就定会产生实施得很好、刚刚好和不好三种可能。而为保证立法目的结果实现的最大化，国家及其代表势必专设检验并纠正实施法律不好情形的法律监督机制，如中国古代的御史制度与国外近现代的检察制度。进言之，有法律必有检验监督法律实施效果的法律监督机构）视角出发，也很难得出检察制度随刑事诉讼特别是其中公诉而生的"共识"结论。进言之，检察制度是国家及其代表为保护社会公益和国家利益（亦即通常所说的"公益"全部）而为的必然制度设计。而之所以出现上述错误"共识"，一是"三权分立"的所谓"普适性"所致，二是司法附属行政治国理念所致，三是重刑轻民的执法思想所致。

第二章
法国检察制度之沿革

凡值犯罪事实发生之际，或由公共起诉，或由临时公共所选定之人起诉，此于古代固已不乏其例。然现今多数之国所采用检察制度之发端，实源于中古之法国。①

按之西史，方西历12世纪之末（即宋末元初）法国国王有所谓"代理人"者（procuration），代国王办理本身之事务。虽其初之资格无异于私立会社之代理人，其事务亦仅限于国王之私事；而其后，竟代国王赴审判厅提起民事诉讼矣。诉讼等之公务，昔由bailiffs（"奉行"者，日本旧有官名，兼掌裁判、警察事务）等官使行之。至是王之代理人得该官吏之许可，遂有提起民诉之例。②

当时，法国法制南北各异其趣。③南部依成文法令类，多采用罗马法主义；④北部则不用成文法令，而实施其地本来之惯习法。⑤

【按】（法国）南北法制之异，因政治上之情形与地形上之关系而生。南部用罗马法者，因罗马分为东西，西罗马先亡，法国人之祖先即占据之franken民族，⑥即法国人之祖先也。法之南部与

---

① 中古，在西方文明史上意指500—1500年之间。
② 此段既说明民事诉讼早于刑事诉讼产生，也说明民事检察早于刑事检察出现。
③ 各异其趣：不尽相同、莫衷一是。
④ 罗马法：一般泛指罗马奴隶制国家所定成文法律的总称。
⑤ 惯习法：习惯法、不成文法。
⑥ franken：民族名称"法兰肯"。

罗马相近，遂用罗马法；其北部，则为罗马势力所不及，惟行其习惯法。而其习惯极复杂，有300余种之多。此时，南北法制彼此概不相容。①

前所述设立代理人之思想，本胚胎于罗马法。故1318年中（元之延佑五年）君临北方之philip第五世，②曾一时废代理人制度，复bailinis（奉行）之制度，使（其）行诉讼等之公务。

迨1300年之中叶，③代理人制度复漫延于法国全部，乃使（其）参与诉讼。凡有关刑事案件于一定情形，得不由被害人起诉，而使代理人为国家之机关。行类似后世检察官之职务，由此遂成惯例。

实于1355年（至正十五年）、1367年（至正二十七年，元亡之岁）、1370年（明洪武四年）所布告之条文中，④常见之。虽然代理人制度非依此等布告同时施行，全国乃各地各以惯习，⑤渐次普及者也。

13世纪之中叶，代理人制度二次漫延于法国。其事实上之理由，⑥乃以当时奉行之数少而职务日多，无暇处理司法上之事务。因之，国王一身使用人之性质，⑦一变而为国家官吏之性质。其法理上之理由，一在刑事诉讼方式变更，一为王政状态之迁移是也。刑事诉讼方式之变更者，指法定证据主义之个人弹劾式，为自由心证及发现真实主义之纠问式，所压倒也。⑧前此法国所采用者，为法定证据主义之个人弹

---

① 概：几乎、大概。
② philip第五世：法国国王菲利普五世（1294—1322年）；1316—1322年在位。
③ 迨：通"逮"，等到、及。
④ 实：实践中、事实上。
⑤ 惯习：习惯、习以为常。
⑥ 理由：原因。
⑦ 一身：自己、身体；人："国王代理人"。
⑧ 为：被；压倒：取代、征服。

劾式。

所谓个人弹劾式者,非经被害人或其亲族之起诉,不得开始刑事案件之审判;所谓法定证据者,非依决斗或探汤等法,①不得断定原被告人之曲直。故是时无肯就原告人官之职,②为刑事诉讼之当事者是。法定证据主义之个人弹劾式与检察制度不能两立也,③明矣。且此法对于被害人亦有所不便。盖前者既因犯罪受其损害及提起诉讼,复须决斗、探汤;若有不利,则时或有诬告反坐之处分,④似此背理之法,又恶能永久存在耶?⑤

更由他方面观之,有起于罗马帝国时代,依中古寺院法而发达之自由心证及发现真实主义之纠问式,存焉。此方式之诉讼法于案件之审判上,不以被害人或其亲族之起诉为必要。⑥此等人苟欲报知犯罪,⑦仅使其依告诉之方式,屏去决斗及探汤等类之法定证据,⑧而调查人证及物证以求获得心证而定。以真实为本之判决,较之法定证据主义之个人弹劾式,利害得失,不辨自明。此其为自由心证及发现真实主义之纠问式所压倒宜矣。⑨而国王之代理人于刑事案件,至是遂得有参与

---

① 决斗:两个人之间有证人在场的、预先安排的、使用致命武器的正式格斗;探汤:令两造探手沸汤之内,手伤者受败诉。
② 肯:愿意、肯定;职:责任;原告人官:作为原告人的检察官。
③ 两立:同时并存。
④ 诬告反坐:故意捏造事实向司法机关控告他人,使无罪的人被判有罪或使有轻罪的人被判重罪,告人者要按其所诬告他人的罪受到惩罚。
⑤ 恶:怎么、何。
⑥ 寺院法:亦称宗规法或天主教教会法,它对世俗事务特别是婚姻家庭生活的干预,是随着教义的传播、教权的伸张和教令的统一而逐渐强化的。寺院法中有关婚姻家庭的主要内以《新约全书》《使徒约章》《使徒教律》等为依据。
⑦ 报知:报告消息,使人知悉。
⑧ 屏去:摒弃、除去。
⑨ 宜:全部。

诉讼之情势焉。①

【按】法定证据者，法律上所定之证据，即依决斗及探汤之类以断两造之曲直是也。决斗者，令两造在法庭上以刀剑相斗；探汤者，炙手于鼎镬之中。②盖当日断案重在口供，如不得口供，则依法定证据，视伤之轻重判之。故其时无人肯为原告人官者。③如强盗案件，盗之膂力过人，④使检察官为原告人官当与之决斗或探汤，夫谁肯为他人之事而不顾其身者，且此法于被害人亦有不利。凡人业经被害起诉后，复须决斗或探汤斗，而不胜或探而受伤，是重伤也。⑤此种背理之法，其不能持久必矣。

再从（其）他方面观之，罗马分三时代：一为王朝时代，二为共和时代，三为帝政时代。自由心证及发现真实主义之纠问式，实起于帝政时代。

所谓依中古寺院法而发达者，当中古时，奉耶稣教之庙宇可管理诉讼上之事务。其初，不过管婚姻、生死、离婚、养子等人事之关系。厥后，⑥范围推广民法上之事亦得管理，缘是时惟僧侣能知法律。⑦此外之人，悉从事战争。⑧故其时有"士手剑，僧手笔"之谚。⑨僧侣行审判，即以罗马方式行之。

罗马方式，即自由心证发现真实主义之纠问式是也。纠问式

---

① 情势：情况和趋势。
② 鼎镬：烹饪器具、烹人的刑具。
③ 原告人官：代表原告人的官方。
④ 膂力：力气、体力。
⑤ 重：重新。
⑥ 厥后：那时以后。
⑦ 缘：缘由、因为。
⑧ 悉：全部。
⑨ 谚：民谚、谚语。

之诉讼法，不必被害人或其亲族起诉，为原告人不过使报知犯罪为通报人；不用决斗或探汤等法以定证据，而以证人及证物为凭，审判官取自由心证务得真情，是舍形式之审判而用真实之审判也。以此主义与法定证据主义相比，其得失自易知。于是法定证据之个人弹劾式遂一变而为自由心证及发现真实主义之纠问式，而王之代理人亦得参与刑事诉讼矣。

王政状态之迁移者，指因权力之集于中央变霸王（suzerain）之地位，①而为国王（souverain）之谓也。当时德意志之霸王常与大诸侯争，因此其权势渐杀。②而法兰西则不然，其霸王转有推倒诸侯权力之势。

在13世纪时代，（为）目法兰西霸王，③为全法国之摄政及代表者，④其本身之事务即为法国之事务。因之昔为霸王一身之代理人（procuration）者，此时亦带有为国家代理人之性质。昔为霸王私财监督之收赎及没收，此时遂作为国库之收入矣。

【按】法国在封建时代，并无真正之国王。诸侯之强者，即推为霸王。其后因权力之集于中央，始变霸王而为国王。当时德国亦有霸王，与法国异。盖德之霸王当与大诸侯争，而势衰。法之霸王其权力在诸侯之上。

在13世纪时，法之霸王为全国之摄政及代表者。其代理人之资格，原未变更。迨霸王之资格，变为国王。⑤因之，其一身上之事务遂为法国之事务。而从前霸王一身之代理人亦变为有国家代

---

① 霸王：称王称霸，君主、皇帝、国王。
② 杀：削弱、减弱。
③ 目：首领。
④ 摄政：代替国君处理政务。
⑤ 迨：达到。

理人之性质，且从前为霸王之私财亦遂变为国库之收矣。

在西历13世纪时代，因诉讼方式之变化与王政状态之迁移，发生为国家官吏代理人之制度，①是为检察制度之第一期，如前段之所述者。但当时之刑事诉讼仍采用密行主义及书面审理主义之纠问式，刑罚多用没收及罚金。故国家代理人亦不似后之检察官，得提起一切刑事诉讼，以原告人之资格而参与之，不过为监督赎金及没收之执行是否正当确实起见，而参与刑事诉讼耳。

【按】检察制度之沿革，分为三期论之。其第一期，即如前段所述。但当时之刑事诉讼，仍采用密行主义及书面审理主义之纠问式。

密行与公开（主义）相反。公开主义者，乃许与诉讼无关系之人，得自由出入法庭旁听是也；密行主义，则不许与诉讼无关系之人自由入法庭旁听是也；书面审理（主义），乃审判官据其下级官吏之报告，而下判断之谓也。

现在则采原被告人等于审判官前互相辩论，而后下判断，是为口头审理主义。

前述之制度，在14世纪时代之中叶，尚未以成文法规定，仅就实际上以惯例偏行之而已。②

1413年（明永乐十一年）第五世之布告、1453年（明景泰四年）Charles第六世之布告虽具有改良法制之宗旨，而关于代理官制度之规

----

① 发生：发展。
② 偏行：普遍实行。

则则未加入也。① 至1493年（明弘治六年）Charles第八世之布告及同年Charles第十二世之布告，亦仅加入二三规定而已。② 此等布告，实前段说明之制度仅依惯习法以行，并未作为成文法之证据也。

逮15世纪时代，始有成文法，设与检察制度相似之职官名曰"公共吏"（minionr procureur），实等于今日之检察官。而其规定，则1522年（明嘉靖元年）、1553年（同三十二年）、1586年（明万历十四年）数次之布告至革命之时止，③ 及有效力之1670年（康熙九年），Louis第十四世关于刑事之布告（ordonnanee sur les maières criminclles）是也。④ 自是先设检察官上下之阶级。⑤

当15世纪时代之中叶，配置于上级审判厅之检察官名曰"总检察官"（procureur général），以下各级审判厅设相当之检察官，又有为其补助之检察官补（procureurs de remplissage）及代诉人（procureur）等职。此段述成文法之制定，自15世纪至16世纪检察制度乃渐次完备。

15世纪以后，检察官之主要职务，在实施刑事诉追；⑥ 检察官补，监视诉讼之开始及进行；全体代诉人，专处理起诉之事务。然（检察官）职务之范围决不止此，除确保诉讼上之国库收入外，又代国家保

---

① 第五世：法国国王菲利普五世——Philip Ⅴ（1294—1322年），1316—1322年在位；Charles第六世：法国国王查理六世（Cha Jles Ⅵ，1368—1422年），1380—1422年在位。

② Charles第八世：法国国王查理八世（Cha Jles Ⅷ，1476—1498年），1481—1498年在位；Charles第十二世：法国国王查理十二世（1831—1936年）。

③ 革命：法国大革命，指1789年7月14日在法国爆发的革命，统治法国多个世纪的波旁王朝统治下的君主制在3年内土崩瓦解。

④ 第十四世：法国国王路易十四（1638—1715年）：在欧洲历史中在位最久的君主，1648—1715年在位；ordonnanee sur les maières criminclles：布告名称。

⑤ 阶级：等级、阶层、集团、群体。

⑥ 诉追：追诉。

障一切公益、拥护法令、保护国民,对于寡妇、孤儿加特别之保护;①有时为补终审审理厅推事之不足,由王命代诉人行推事之职。此外,更使为与其性质全异之事——监视图书馆及法科大学、检查度量衡、决定面包代价,并有干预纯乎私事之例。②

  【按】此段言检察官之职务,其主要在实施刑事诉追。"诉追"二字从法文 poursuite 译出,包含公诉之准备、提起、实行而言。

    然检察官职务范围实不限于刑事诉追而止,除确保诉讼上国库之收入外,尚有许多职务,如上所列举是也。

前段所谓检察官所担任之刑事诉讼之权限,比之今日制度尚多差异之点。而为法国今日制度之基础者,则"共和3年6月(名为风月)27日之法律"、"1810年4月29日之法律"及"1883年8月30日之法律"与其他附属令是也。

  【按】此数种法律所规定之检察制度,与本论中所述多类似,兹不详述,要之法国检察制度。

    今日除英国法系之国外,欧洲大陆诸国大概皆采用之。中国方改法制,于检察制度当用英(国)主义抑用法(国)主义?其利害得失,俟于本论中第二章详言之。

---

  ① 其中,"代国家保障一切公益"就包括"法律监督",而"拥护法令"亦含有"法律监督"之义。

  ② 而这也说明,法国检方早有从事公益(诉讼)、监督民事诉讼之职责活动。

本 论

【按】此编顺序分为三章：一检察厅之组织，二检察厅之权限，三（检察）事务章程及监督。盖"检察制度"之用语，本包含检察厅之组织与权限，及关于实施检察事务之一切规则而言也。

第一章
检察厅之组织

第一节　检察厅之配置

大清《法院编制法修正草案》第八十五条（原案第三十九条）曰："凡通常审判厅应配置下列检察厅：第一，初级检察厅；第二，地方检察厅；第三，高等检察厅；第四，总检察厅。地方审判分厅、高等审判分厅及大理分院配置地方检察分厅、高等检察分厅、总检察分厅。"

【按】大清《法院编制法》，即《日本裁判所构成法》，[①] 其意义相同。惟《裁判所构成法》之命名未当。因裁判所不能赅括检察厅，[②] 故改用"法院"二字，可以包括审判、检察而言也。

《法院编制法》之性质非但对于京师之审判、检察厅有效力，对于将来全国之审判厅、检察厅皆有效力。

所谓通常审判厅者，即指审理民事、刑事之机关也；至特

---

① 即：与。
② 赅：完全。

别审判厅,例如,军事审判与违警罪审判及行政审判等审判厅皆是,①各有特别法规定之。所谓"配置"云者,其义详下:

其一,一审判厅必设一检察厅,似检察厅为审判厅附属之官厅。②然审判厅掌管民刑诉讼案件,检察厅掌管检察事务。《编制法修正案》第九十四条(原案第五十条)曰:③"凡检察厅对于审判厅应独立行其职务";同(法)第九十五条(原案第五十一条)曰:"凡各级检察官无论如何方法,不得干涉推事之审判事务及掌理审判事务。"可见,审判厅与检察厅俱有互相不可侵之权限,为全然独立之官厅也。④

其二,检察厅与审判厅各有独立之权限,不可相侵;⑤因检察厅之管辖区域与审判同,故有一审判厅必设一检察厅,取其便利。《日本裁判所构成法》第6条有"附置"二字,不可误解检察厅原非附属于审判厅之衙门。⑥故《(法院)编制法》易为"配置"二字。在法律上有一定之理由,且非此不能表明其平等也。

其三,前述《编制法草案》尚未有实施力,故直省中有另定试办章程者。⑦

其四,《法院编制法》现交宪政编查馆核定尚未施行,⑧直省中如直隶、京师、奉天等有试办各级审判厅者,不能无所依据,

---

① 违警罪:以违警刑处罚的行为;而违警刑,即治安处罚的旧称。
② 官厅:处理国家或地方行政事务的机关,政府机关、衙门。
③ 《编制法修正案》:即中国《法院编制法修正案》之简称;而原书常将中外法律(典)名称及其第×条简写,值得注意。
④ 全然:完全、全部。
⑤ 侵:侵害。
⑥ 原非:原来不、原本不。
⑦ 直省:直属中央的省份。
⑧ 宪政编查馆:清政府为推行预备立宪而设置的机构。光绪三十三年(1907年)八月改考察政治馆为宪政编查馆,直属军机处。下设编制、设计、官报三局,庶务、译书、图书三处。

故有暂定试办章程者。如《大理院章程》《法部奏定试办章程》之类。①

（《法院编制法修正草案》）第八十八条（曰）："凡检察厅之设立及废止由法部酌核奏定，其关于分厅者亦同，但不得违"；（同草案第八十五条及第九十二条之规定）；第九十二条（曰）："凡检察厅之管辖区域与各该审判厅同。"前所揭两条之意义，② 再述于第二章中。

第二节　检察官之定员、官等及俸给③

《编制法修正案》第八十六条曰："凡检察厅置下列检察官：第一，初级检察厅置检察官一员或二员以上；第二，地方检察厅置地方检察长一员检察官二员以上；第三，高等检察厅置高等检察长一员检察官二员以上；第四，总检察厅置检察厅丞一员检察官二员以上"；第八十五条（曰）："凡检察官定员由法部酌核奏定。"今法部尚未定一般员数、官等及俸给。故揭日本现行法以供参考：

【按】京师已经法部奏定，省厅各商情形后再行奏定。

第一项　日本检事定员［明治三十二年（1899年）四月敕令第153号改正］：

大检察局：检事总长1人，检事7人；

---

① 《法部奏定试办章程》：亦称法部奏定《京师高等以下各审判厅试办章程》或《各级审判厅试办章程》。

② 揭：揭示、标示、表明。

③ 定员：人数、员额；官等：古时官吏就职能的高下所划分的等级；俸给：薪金、工资。

控诉院检事局：检事长 7 人，检事 22 人；

地方裁判所检事局：检事正 45 人，检事 95 人；①

区裁判所检事局：不置（检事）长，检事 292 人。

第二项　日本检事官等、俸给

大审院检事局：检事总长勅任二级俸；检事奏任二级俸乃至敕任三级俸。②

控诉院检事局：检事长、东京及大阪勅任三级俸或二级俸，其他勅任四级俸或三级俸；检事、东京及大阪资深者一人奏任三级俸乃至勅任五级俸，其他奏任七级俸乃至一级俸。

地方裁判所检事局：检事正、东京及大阪奏任一级俸乃至勅任四级俸，京都横滨、神户、长崎、函馆、新泻、仙台、名古屋、广岛及熊木奏任三级俸乃至勅任五级俸，其他奏任五级俸乃至一级俸；检事奏任十一级俸乃至九级俸。

区裁判所检事局：检事奏任十一级检乃至九级俸。

第三项　（判事）检事俸给金额表（单位：圆/年）③

	一级	5000		一级	2200	六级	1200	十一级	600
敕任	二级	4000	奏任	二级	2000	七级	1000		
	三级	3500		三级	1800	八级	900		
	四级	3000		四级	1600	九级	800		
	五级	2500		五级	1400	十级	700		

---

① 检事正：检察官之一种。

② 勅任：同"敕任"，皇帝任命；奏任：推荐上奏任命。

③ 上表所列，皆以圆计。日本每百圆当中国 90 两白银。

第三节　检察官之任免

第一项　检察官之任用

检察官登用、试验与推事同,① 为现今之通例。中国亦不得不然。《法院编制法修正草案》所预定者,如下:

第一百零七条　凡推事及检察官非经二次考试,不得任用。

第一百零八条　凡在直省法政学堂专习法律科三年以上领有卒业文凭,② 或在外国大学或与大学同等之学堂专习法律科领有卒业文凭者,可受法官登用考试。③ 在法科大学专习法律科领有卒业文凭者,以经第一次考试论。

《考试登用法官章程》由法部奏定颁行。

【按】法官者,统推事、检察官而言,④ 此种官吏必须有专门之学问,且有实地之阅历,乃可胜任。若无学识、无经验者,决不可滥为任用。故第一百零七条规定有:受法官登用考试资格之人,必经两次考试乃能为法官;第一次考试其学识,第二次考试其实务。如两次不及第者,仍可陶汰之。

第一百零八条复规定,可以受法官登用考试之资格,必由学堂专习法律领有卒业文凭者方许应试,或谓在家自行研究法律者,亦可考试任用,以广登进。⑤ 不知校外研究法律者甚罕,且难深造。中国后此法律学堂次第成立,法官任用必不可不由学校中出。所谓"在法科大学专习法律卒业者,以经第一次考试论",专指本国

---

① 登用:举用、录用;试验:考试。
② 卒业:修毕学业、毕业。
③ 其中"法官",等同于现在的"司法官",包括法官和检察官。
④ 统:包括。
⑤ 广:扩大、推广;登进:升任。

大学言，不必受第一次考试；若在外国大学卒业者，仍须受第一次考试也。

第一百零九条 凡应第一次考试及第者，分发初级审判厅又检察厅学习，①以两年为限。学习推事，应受本管地方审判厅厅丞或推事长之监督；学习检察官，应受本管地方检察长之监督。

【按】京师地方审判厅置厅丞、直省地方审判厅置推事长掌理全厅行政事务，名异而实同。

第一百一十条 凡学习推事之品行、性格，由管辖地方审判厅厅丞或推事长出具切实考语；学习检察官之品行、性格，由管辖地方检察长出具切实考语，启呈法部。法部鉴别其劣者，得随时罢免。
《罢免细则》于《考试登用法官章程》定之。

【按】法官当受法律上之保障。此条法部得随时罢免，仅对于学习者而言也。

第一百一十一条 凡在初级审判厅学习满一年以上者，得由该厅监督官派令掌理特定司法事务，但不得审判、诉讼及非讼案件并管理各注册事宜。②在初级检察厅学习满一年以上者，得由该厅检察官派令掌理特定检察事务，但除（第）一百零二条之时不得代理检察官。

【按】监督官者，初级审判厅置推事两员以上，法部指定其中

---

① 学习：实习。
② 非讼案件：亦称非诉讼案件，指利害关系人在没有民事权益争议情况下，请求法院确认某种事实和权利有无的案件。

一员委以监督全厅行政事务。故学习推事满一年以上者，得派令掌理特定司法事务以资实践。至于审判诉讼事件及非讼事件、对于外部效力之事，学习推事仍不能为之。

注册事项于权利得丧亦极有关系，故并加以限制。

【谦按】"[但除（第）]一百零二条之时"：本条草案原文"凡学习检察官及学习推事，①得由法部命为代理检察官使实施初级检察官之事务等语，即得由法部命令代理时，为检察官也"。

第一百一十二条　凡学习人员应第二次登用法官考试及学习及第者，作为候补推事、候补检察官，分发地方以下审判厅及检察厅听候补用。②

第一百一十三条　凡为直省法政学堂教习或律师历三年以上者，③得免考试作为候补推事、候补检察官。

【按】三年以上为直省法政学堂教习或律师者，其学识经验及其人格均经试验，当然有为法官资格，不必再行考试也。

第一百一十四条　凡候补推事及候补检察官不拘年限，遇有缺出即行奏补，惟须先补初级审判厅推事及初级检察厅检察官；如候补逾三年以上者，遇地方审判厅推事及地方检察厅检察官出缺，亦可酌量奏补。

第一百一十五条　凡地方以下审判厅或检察厅遇有缺出，由法部得于前条之限制内，以候补推事或候补检察官一时补缺。

---

① 【谦按】：原著鉴定者徐谦所加之案语。
② 候补：待补缺额。
③ 教习：教师、老师。

第一百一十六条 凡有下列事项（之一）者，不得为推事及检察官：一因剥夺公权丧失为吏员之资格者；二受徒刑三年以上之宣告者；三破产而未偿债务者。

【按】上列各项于品行、名誉均有所亏，[①]不能为人民所尊礼，[②]即不能立于法官之地位。

第一百一十九条 凡补高等审判厅推事及高等检察官者，须有下列之资格（之一）：一为推事或检察官历五年以上者；二为直省法政学堂教习或律师五年以上，而任推事及检察官者。

第一百二十条 凡补大理院推事及总检察官者，须有下列资格（之一）：一为推事或检察官历十年以上者；二为直省法政学堂教习或律师十年以上而任推事及检察官者。

第一百二十一条 凡前两条所揭年数，停职及改职中不得算入。

【按】前两条所定五年、十年之数，均按实任时计算。其因事停职及改职之时，不得加算。

第二项　检察官之罢免

检察事务不入于司法事务之内，而入于行政事务之内。故检察官罢免之法，有与（其）他行政官不甚差异者。然于实验上知励行检察事务，而巩固检察官之地位，不可无保障之法。故中国《法院编制法草案》对于检察官之地位俾受与推事同等之保障。[③]兹列如下：

---

① 亏：亏损、亏欠、缺损。
② 尊礼：敬重而厚待。
③ 俾：使。

【按】检察官罢免之法与行政官无甚差异，此日本法然也。中国《法院编制法》保障检察官之地位，与保障推事同。此中国法律进步之处。与推事受同一之保障，即不能由上官命令随时罢免之也。

第一百二十三条 凡推事及检察官如因精神衰弱不能尽职，在外，经高等审判厅厅丞、高等检察长查实，会同提法使申报法部奏请退职；① 在内，由大理院卿会同法部奏请退职。

【按】精神衰弱则职务必致废弛，② 不得已令其退职；必须奏请，以昭郑重。不由上官之命令，③ 任意去之也。

第一百二十四条 凡各级审判厅及检察厅如有更改或废止时，所有裁缺之推事及检察官，法部奏请给以全俸、遇缺即补。

【按】更改者，即将旧设之审判厅或检察厅分合及裁并之谓也；废止者，则将原有之审判厅或检察厅全行消灭之谓也。官厅之吏改废止、裁缺之人员请给全俸、遇缺即补，所以示优遇也。

第一百二十六条 凡法部对于推事及检察官不得勒令调简、借补、停职、免职及灭俸等事情。④ 唯有下列情事（之一）者，不在此例：一

---

① 提法使：宣统二年七月（1910年8月），根据清政府颁令，各省按察使司改为提法使司，原任按察使为提法使，仍为正三品官，负责管理全省司法上的行政事务，并监督各级审判厅、检察厅及监狱。

② 废弛：荒废。

③ 上官：上司、长官、上级官员。

④ 调简：调用简选；借补：用补充缺额的名义授予某种官职——明升暗降；灭俸：不给俸禄。

关于第一百二十三条及第一百二十四条所揭事宜者；二系候补推事及检察官尚未补缺者；三于补阙上实为人地相宜者；① 四惩戒调查或刑事控究上，② 律例命其停职者；五出于刑法之宣告或惩戒之处分者。③

【按】此条为保障推事及检察官之法，其中：一项所谓第一百二十三条及第一百二十四条所揭事宜，即指精神衰弱及官厅更改废止之人员而言。二项无甚解释。三项人地相宜，指调简、借补而言。四项因将行惩戒正调查中或刑事控究上暂命其停职，此在灭俸、免职、停职以前之事也。五项出于刑事之宣告者。日本谓之附加刑，中国新律草案谓之从刑。如剥夺公权等是也。所谓受惩戒处分者，即受惩戒审判，如因事革职是也。

夫检察事务为行政事务，检察官为行政官。从法理上言，固合然因其性质属于行政不使与推事受同一之保障，则事实上实多不便。兹特明定与推事同一，因检察官得巩固其他地位，亦即能尽心于其职务也。

第四节　检察官之补助机关及辅佐员

补助检察官而执（行）检察事务者有两种：一则非检察官，而搜查犯罪上有与检察官同一职权者；一则承检察官之指挥命令，而为之辅佐者是也。兹假定前者为"甲种官"，后者为"乙种官"如下：

【谦按】代理者有同官之资格，又有长官之命令，而后得为代

---

① 已补缺，但实际上还没有上任者。
② 控究：指控追究。
③ 刑法：刑罚；宣告：宣布、公告。

理至警视总监，乃于搜查犯罪上有与地方检事正同一之职权，并非为检察官之代理官也。原文以甲种为代理官，多立名目，意义殊觉含混。

第一项　检察官之"补助机关官"[①]

关于此种官吏，中国未有一定规则。今以日本之例言之：一是警视总监；二是除东京府知事外余地方长官，即府知事及县知事等。

以上两项虽非检察官，但于搜查犯罪上各在其管辖地内有与地方检察官同一之权限（《日本裁判所构成法》第47条）。将来中国采用此类规则与否，现尚未能断定。

【按】日本惟东京设有警视总监，即中国京师巡警总厅厅丞也。东京既有警视总监，故东京府知事不管警察与他之府县知事不同。此二种官吏，虽非检察官而于搜查犯罪上与检察官有同一之职权。此检察官甲种之补助机关也。

第二项　检察官之"辅佐官"

《（法院）编制法》第一百零六条曰："凡各检察厅检察官得调度司法警察员。各检察厅调度司法警察章程，法部会同民政部奏定颁行。"以日本现行法言之，下列各员应承检事之指挥命令为之辅佐，而实施司法警察事务，搜查犯罪（《日本裁判所构成法》第47条）。

【按】现在采用日本司法制度，一切名词多沿用之。然法律上之用语，亦宜参酌本国之习惯。如司法警察一项，在法理上应受检察官之指挥命令；盖指挥命令事项，司法警察有服从之义务，

[①]　检察官之"补助机关官"：即辅助检察官的机关中的官员。

不得违拒；而嘱托事项，则司法警察有自主之权可以拒绝。此两者，区别之要义。

而日本初不以此种字样为有管辖之关系，中国专尚虚文。① 现在司法属法部，警察属民政部，二者界限回分，② 以此部之人受彼部之指挥命令，名义上万不可行。然实际上未尝无之。诚以警察保卫治安，苟有犯罪受寻常人民之报告或追捕时，尚应即时行其职务，则检察官之指挥命令何得不受？惟衙署不同既无管辖关系，文移内皆同等采用。

日本（检察官之"辅佐官"）制度者取其实，不必袭其名也。③ 包括：①警视、警部长、警部、警部补；②宪兵将、校、下士；③岛司；④郡长；⑤林务官；⑥市町村长；⑦船长，但以海船之船长及船内之犯罪为限。

【按】司法警察中有司法警察官与司法警察吏之分。司法警察吏，如巡查、宪兵卒等是。此等司法警察吏有时受检察官之指挥命令，有时受其长官之指挥命令。

日本府县之下，大者名郡，小者名岛，郡置郡长，岛置岛司，掌理郡岛之事务；林务官，管理森林之事务。此外，市有市长，町村有町村长，掌理市町村之事务；船长专指海船而言，掌理海船之事务。以上数种，其地位较卑，均受检察官之指挥命令。此检察官乙种之补助机关也。

指挥命令视事之缓急，平时以文书命令为原则；紧急时，不用公文用电报、电话、口语皆可。若逮捕人犯或没收等，必用公

---

① 虚文：空话、没有规定。
② 回分：清晰、分明。
③ 袭：沿袭、计较。

文。然遇现行犯等紧急,亦无须用公文也。关于搜查事务之说,见第二章"检察厅之权限"中。

第五节　检察厅书记课

《(法院)编制法草案》中有言:"凡各审判厅及检察厅附设书记课,书记课掌所属审判厅及检察厅下列事宜:一往来;二会计;三文牍;四录供及编案。①

各检察厅书记课宜酌置之,录事等官亦应据《(法院)编制法》所定。"

---

① 往来:交往;文牍:公文信件;录供:记录当事人的供词;编案:管理案卷。

第二章
检察厅之权限

第一节　概　论

凡统治机关于实施统治作用，皆有一定之范围。此即所谓管辖是也。管辖可分之为三：一曰事务管辖，一曰职务管辖，一曰土地管辖。① 事务管辖者，指因事务之性质及等差而定之管辖而言；② 职务管辖者，指因职务之趋向而定之管辖而言；③ 土地管辖者，指因土地之区域而定之管辖而言。检察厅之管辖，亦有此三种之别。大略如下：

【按】统治机关者，由统治权所设立实施统治作用之官署也。④ 官署之权限有一定之范围，以为管辖。所谓事务管辖、职务管辖、土地管辖是也。此三种管辖之分，事务因对象（即目的与事务）之性质分量而定，⑤ 职务因执务之方向而定，土地因区域而定。检察厅之管辖，大别亦然。

第一项　检察厅之事务管辖

检察厅所管辖之事务，有关于诉讼者，有关于诉讼以外者。关于

---

① 土地管辖：亦称地域管辖。
② 等差：等级差异。
③ 趋向：倾向。
④ 官署：官厅、衙门，官员办公的地方或执业场所。
⑤ 分量：通"份量"，比喻价值、作用、对判断有影响的力量。

诉讼者之中,有刑事与民事之细别;关于诉讼以外者之中,有非讼事件与行政事务之细别。① 此三分类,就日本法而言,欧西各国亦大略相同。

甲、关于刑事诉讼

检察厅所管辖之(刑事诉讼)事务,为公诉事宜及执行裁判事宜两种。公诉事宜,即公诉之准备、公诉之提起、公诉之实行是也。详(见)后检察职务管辖中;执行裁判事宜,即判决行刑是也。

夫事务管辖与职务管辖之分,如公诉事宜及执行裁判事宜乃事务管辖,而因执行此等事宜之方向、办法即职务管辖也。例如,邮政、电报,即邮传部之事务管辖。至如何收发、送达电报、函件则职务管辖也。又如中国之盐、日本之烟草皆归政府专卖,此政府之事务管辖也;至如何捆盐、卷烟,② 则属职务管辖。

至公诉之意义,后当详言。兹略述之,即公诉者,具体的确定科刑权之有无及其范围之诉是也。

乙、关于民事诉讼

检察厅所管辖之(民事诉讼)事务。如下:

第一,代表审判厅为民事诉讼之当事者。

第二,人事诉讼以特定之情形为限,为其当事者[明治二十三年(1890年)六月法律第13号《人事诉讼手续法》]。

第三,禁治产宣告之请求(《日本民法》第7条)。③

第四,会同下记各项之人事诉讼:①关于公之法人之诉讼;

---

① 其中,非讼事件类似于现在的公益诉讼。
② 捆:收集。
③ 禁治产:禁止管理财产。指对于无民事行为能力人和限制民事行为能力人或有酗酒、吸毒、赌博和胡乱奢侈消费等恶习的人,禁止其进行财产管理的约束制度。

②关于婚姻之诉讼；③关于夫妇间财产之诉讼；④关于亲子或亲子之分限,①及其他一切人之分限之诉讼；⑤关于无能力之诉讼；②⑥关于养料之诉讼；③⑦关于失踪者及相续人亏缺之诉讼；④⑧证书之伪造或变造之诉讼；⑨再审。

【按】第一审与第三审检察官为当事者，第四审检察官至达会同（即日本之立会）而已。⑤

检察官参与民事诉讼，详（见第二编）关于民事法之部，兹不详述。

丙、关于非讼事件

检察厅所管辖之（非讼）事务，如下例：

第一，参事民事非讼事件。例如,《日本非讼事件手续法》第46条、第49条但书、第51条、第52条、第59条、第68条、第91条、第95条、第110条是也。

【按】（同法第）46条等2项——利害关系人、管理人及检事，得立会于封印之手续。⑥

第49条但书——但《民法》第660条之通知，须检事为之。

第51条——裁判所因利害关系人、管理人，又检事之请求于《民法》第25条第2项及本法59条以外之场合，得命封印之

---

① 分限：权限、上下尊卑的差别。
② 能力：行为能力。
③ 养料：抚养照料。
④ 相续人：继承人；亏缺：缺失、没有。
⑤ 至达会同：到场参与；立会：在场、列席。
⑥ 得立会于封印之手续：应到场办理文件封缄加盖印记手续。

除去。①

第 52 条——第 1 项：裁判所预定除去封印期日，须告知申立人、利害关系人、保管者、管理人及检事。② 第 2 项：利害关系人、管理人及检事于前项之期日前，得中立异议于裁判所，但《民法》第 25 条第 2 项及本法第 59 条之场合，不在此限。

第 59 条——本人至得自管理其财产时久，为分明其死亡或有失踪之宣告时，裁判所因于本人、利害关系人又检事之请求，可命取消其处分。

第 68 条、第 39 条乃至第 62 条之规定，揭于前 5 条事件准用之。

第 91 条——第 1 项：废家之许可，③ 为废家户主任所地之区裁判所之管辖。第 2 项：利害关系人及检事对于裁判所与前项之许可，得为抗告。

第 110 条——第 2 项：利害关系人及检事对于遗言之确认，得为即时抗告。抗告之期间，从申请人受裁判之告知日起算。

第二，参与商事非讼事件。例如，同法第 134 条、第 207 条是也。

【按】第 134 条——第 1 项：于《商法》第 48 条及《商法施行法》第 102 条第 2 项之场合，会社解散之命令，须附理由以决定为之；第 2 项：裁判所为裁判前，听利害关系人之陈述，须求检事之意见。

第 207 条——过料之裁判，④ 须附理由，以决定为之。裁判所

---

① 封印之除去：开封。
② 申立：陈述、主张、申请复审。
③ 废家：破产。
④ 过料：罚款。

为裁判前，听当事者之陈述，须求检事之意见。

【谦按】以上皆征引日本条文，故从其本来名词以后仿此。

第三，得会同外国人遗产之封印或开印之事［明治三十二年（1899年）七月八日司法省令第4条］。①

丁、关于行政事务

检察厅所管辖之行政事务，可细别为二：一系检察厅内部之行政事务，一系检察厅以外之行政事务。前者于第三章说明之。（后者）纯然行政事务，以属于检察厅之管辖为得策者，②虽宜就其国当时之情形以为损益，未可一概论定。③在如下记各项所揭者，无论何国，使属之于检察厅之管辖，似无不可（以下五种为最重要之例，以交予检察官管辖为便，非此五种之外，即不能管辖也）：

第一，对于不良少年令受感化教育之命令，并监视其实施之事。

【按】所谓"监视其实施之事"者，对于私立感化院而言。盖感化院有由政府立者，有由地方立者，有由私人立者。所谓国立、公立、私立（有志者）三种是也。各国考究此三种办法，以私立者成绩为最，而经费每苦不足；国立与公立经费虽足，而收效甚少。盖办事者多为官吏，往往视为差事而敷衍行之。若私立者，由有志之人本慈善之热诚，以经营其事，故成绩优美。如经费不足，可由国家或地方补助以金钱，或给予房屋、器具、图书等。

---

① 会同：到场；封印：封缄并加盖印记，即贴封条；开印：除去封缄及印记，即开封条。
② 得策：谋略得当、恰到好处、理所当然。
③ 损益：得失、好坏。

此种私立感化院，检察官不能指挥命令之，不过留心监视之而已。

"不良少年"有两大区别：一实施刑法上之犯罪行为者；一虽未实施犯罪行为，而品行不良有其危险者是也。凡此等少年之从事于感化，本其父兄之义务，且亦父兄之权利也。然就实际上观之，此等少年多无父兄者，否则，有父兄而不能予以适当之监督者，若放任之社会将不免大受其害。故不可不由国家采一切当之处置。所谓"切当之处置"者，即勒令其受感化教育是也。

"不良少年"有两种：一已经犯罪，即实施刑法上犯罪行为者；一尚未犯罪而有犯罪之虞，即虽未实施犯罪行为而品行不良有其危险者。其已经犯罪者，《刑律草案》规定："凡未满十六岁者，因其无责任能力虽犯罪不加以刑。"此条反对者，多实不知立法之旨。非未满16岁犯罪者可邀宽免，① 以此当勒令其受感化教育，② 转为善良尚胜于治其罪也。理由详（见）《刑律草案》中。

"勒令其受感化教育"之途有二：一由审判厅命令之。即少年实施犯罪行为，检察官认其已达责任年龄而提起公诉，然审判厅仍以为无责任能力时，即由审判厅按其情节，命受感化教育可也。一由检察官命令之。即实施犯罪行为，而在检察厅尚未认其有责任能力之少年，及有犯罪之虞而尚未实施之不良少年，按其情节，直接由检察厅勒令其受感化教育可也。

"勒令受感化教育"之途有二：一由审判厅命令之。即少年犯罪检察官认其已有责任能力提起公诉，审判厅认为尚无责任能力者是也；一由检察官命令之。即检察官认犯罪少年尚未有责任能力及有犯罪之虞，而尚未实行犯罪者是也。

此事务使悉属之于警察官厅之管辖，③ 则不足以昭慎重；属之

---

① 邀：希求、取得。
② 以此：犹言用宽免。
③ 此事务：对不良少年实施感化教育；悉：全、都。

于审判厅之管辖，又有过于慎重之病，且决定应否即提起公诉，须就其情形考察者不尠。①故原则上，似宜属之于检察厅之管辖也。

勒令不良少年受感化教育，何以不属之警察厅及审判厅，必属之检察厅？盖不良少年与犯罪有密切关系，必先经检察厅之考查。视其果，为犯罪与否或达责任年龄与否？而定可否提起公诉。故原则上归之检察厅较为便利，使属于警察厅不足以昭慎重者，非轻视警察厅也。盖警察办事以单简、迅速为贵。不良少年之置感化院，时日最久，极宜详慎。属之警察厅，容有未能细加考察，②而轻率发布命令之时。

至归之审判厅，又患过于慎重者；审判厅专掌审判，平日对于不良少年素不相悉，从而详悉调查又不免过于费事。惟付之检察厅，最为通当之办法也。③感化教育不惟中国须重视之，即在世界各国亦属重要。

凡欲减少犯罪不出两途：一则不良少年之感化教育，一则累犯者之特别处分是。为刑事政策之主要，至感化教育之办法，让之小河博士之讲述。故略之。

第二，对于懒惰之浮浪者，勒令劳动并监督其实施之事。

【按】浮浪者，指无可支持生活之资产，并不从事正业者而言。可分之为三种：一不能执业者，一不得业者，一不欲执业者是也。（对）第一种之浮浪者，不可不设救济场以保护之；（对）第二种之浮浪者，不可不讲求授产策以救护之；④（对）第三种之浮浪

---

① 尠：通"鲜"，少。
② 容有：或许有。
③ 通当：顺畅、便当。
④ 产策：生产策略或办法。

者，不可不投诸劳动场以改良之。而（对）第一、第二之事，宜检察厅无干预之必要；第三之事，宜与前段关于感化教育所述同一理由，似宜属之于检察厅之管辖也。

既无生活之资产，而又不从事于正业，乃法律上所谓浮浪者。如尚有资产虽不从事正来者，非法律上所谓浮浪也；正业者，法律上许为之事，不从道德上言。① 如贱业、丑业（如公娼）仍（属）正业也。浮浪者分三种：一不能执业，二不得执业，三不欲执业。处分浮浪者之法，当以此三者为根本。

从东西各国历史言，处分浮浪之法不一。在罗马帝政时代，待之最优，当解衣衣之、推食食之；逮中古时代，待之甚虐，不惟驱逐之，甚至骈戮之。② 然勿论为优待、为虐待，浮浪者并未减少，皆未从根本上着手也。

欲减少浮浪者之根本上办法，一为德教之。普及国家提倡其教化人民，感富于道德思想，不愿为浮浪者；二为经济之改良。国家整理其财政，使人民皆足以生活，自不为浮浪者。整理财政之策，可以减少第二种之浮浪者。然减少之法，并不止此。即如对于第一种之浮浪者，其身体不全或有废疾，虽有业而不能执，不可不设救济场以保护之；有病者非使病痊，固不能执业；而残废之人分之则无用，合之或犹可用。俗谚有云："盲目者与无足者同渡河，盖盲者有足，无足者有目，交相为用也。"

至第二种之浮浪者，其人本可执业，不可不讲求授产策以救护之。"授产策"通常谓计划国中之业务，使人人皆有执业，此所谓授产策，即介绍他人得有执业是也。例如，公立媒介业务场是。此等介绍之事，任私人为之则必须酬谢；公立者除邮告之费外，

---

① 从：依顺。
② 骈：一并、一起；戮：杀、被杀。

不须酬谢。日本亦有私人为之媒介者，谓之"口入业"、媒介业务场，不过授产策之一例。

若第三种之浮浪者，则有业而懒于从事，不可不投诸劳动场以改良之。劳动场，即所谓懒惰者勒令其劳动。乃检察厅所宜办理与感化院同一理由。第一、第二两种事宜可由警察厅管理之，检察厅无干预之必要也。

第三，命令危险之精神病者之监置处分，① 并监视其实施之事。

【按】此事宜之应归检察厅管辖之理由，与前段同。现在文明国法律（规定），"凡精神病犯罪无责任"。盖为病者之作用，虽有罪不加以刑，惟必监置于精神病院，使不致再行犯罪，其命令由检察厅发之，与前理由同。

以上三种冈田以为当归之检察厅管辖，而松冈、小河或不然。之究之，扩张检察厅管辖范围而无管理之实，固属务广而荒。② 然狭小检察厅管辖范围，③ 而昧犯罪之预防，④ 亦未免死于句下。⑤ 学者宜观其通焉。⑥

第四，从法律所定之区别，⑦ 参与对于推事之审判之事。

【按】此点应参照《日本判事惩戒法》［明治二十三年（1890

---

① 监置：监管安置。
② 务广而荒：即谋求的太多而终无所获。
③ 狭小：限制。
④ 昧：佯称、假装说。
⑤ 句下：嘴下。
⑥ 通：全面、通达。
⑦ 区别：固有差异。

年）八月二十日法律第68号第17条、第19条、第25条、第26条、第28条、第32条、第38条等］。

《推事惩戒法》者，推事有不法或不当之行为，用惩戒审判法特别组织之惩戒审判之。检察官参与此审判立于原告人地位，与平时参与刑事案件立于原告人地位无异。

至关于检察官有不法或不当之行为，惟照惩戒普通行政官之法以惩戒之，无特别惩戒法，此日本例也。中国将来，似以规定惩戒推事、检察官同等之特别法为宜。然要未敢断言也。

"讲义案"所举条文有尚未译出者，固应从缺。日本条文为通当所有，亦多从略焉。

第五，从法律所定之区别，监督律师之事。

【按】此点应参照《日本辩护士法》［明治三十六年（1903年）三月三日法律第7号第9条、第10条、第23条、第29条、第31条等］。

律师即日本所谓辩护士也，《辩护士法》即《律师法》。日本各地皆有辩护士，其会各有章程。凡辩护士皆遵守之其会，应受所属地方检察长之监督。

中国将来应否设立律师，此问题似尚未决。然律师制度甚属重要，将来法典日繁，人民不尽通晓，若有律师专为人民辩护法律士之事务，最为适宜。否则，讼棍等流必从中把持一切。①殊不如用律师制度，国家可以随时监督之也。

以上所述，关于检察厅之管辖事务，列记应注意之点，如下：

---

① 讼棍：唆使别人打官司自己从中取利的人。

其一，凡检察厅牵连审判厅所管辖之事务实施检察事务时，不同其系刑事诉讼案件、民事诉讼案件抑系非讼事件，以由配置该审判厅之检察厅检察官担任之为原则。参照第二章。

【按】检察厅之事务管辖有与审判厅不相牵连者，有相牵连者。其相牵连之时，则应由配置该审判厅之检察厅管辖之。例如，轻微案件由初级检察厅管辖，重大案件由地方检察厅管辖是也。

其二，然检察官乃上下合体而组织之一个检察机关，非如审判官之人各独立也。故由甲检察厅着手之事务半途发现属于乙检察厅之管辖时，不用管辖错误之办法，用案件移付之办法可也。① 由此关系观之，各级检察厅之间，谓其有分业之法而无单纯之管辖，亦无不可。可对照第三章之说明。

【按】检察厅乃合上下级而为一个机关。故只因为公案之办法时，属单纯之管辖例也。审判厅对于刑事案件之犯罪地及犯罪人所在地均有管辖时，若该案件之犯罪地与犯罪人所在地并非所管辖，则审判厅可下管辖错误之判决，而不必移付其案于该管辖之审判厅。至检察厅则不然。例如，"讲义案"所言是也。

其三，关于纯然之行政事务得法律之所特定，始得知管辖检察厅之所在。按之日本现制，律师之监督，由其所属地方检察长行之；惩戒判事之裁判，由其判事奉职之裁判所之检事局检事干预之；关于感化教育、强制劳动及监置处分之命令，日本尚无完全之规则，但实际上似可用地方检察长之命令。

---

① 移付：移交。

【按】前两项为检察厅与审判厅相牵连之事务,《法院编制法》均有规定其管辖,检察厅之所在易知。至(于)本项,则为纯然行政事务;非由法律特定不能知管辖,检察厅之所在。日本法制有已经规定者,有尚无完全规定者,随宜采择可也。①

此外,尚有应注意而为"讲义案"所未载者——即犯罪人之引渡(交付)事宜是。各国之法不同,有归检察厅者,有归巡警厅者。例如,由中国交付犯罪人于外国人时,其犯人如为外国人,则与中国犯罪无关系,乃纯然之行政处分;若中国有犯罪人在外国受外国之交付时,即非纯然之行政事务,而为公诉之准备;行为以既得犯人后,即当调查证据以备预审,与中国交付犯罪人于外国之为行政处分不同。此种准备公诉之行为究应何属?须由法律规定之。详见"关于国际法之部"。

第二项　检察厅之职务(管辖)

职务管辖者,如前述,审判厅于诉讼审判厅与执行审判厅及一审审判厅与上诉审判庭之间,虽有判然之别,而检察厅则如就其事务管辖所述之情形。关于职务管辖亦有分业之事,而无纯然之管辖之事。但职务之趋向,得分类如下:

【按】事务管辖与职务管辖,并无必分之理由。然就说明上分别言之,亦未始不可。② 如公诉事宜,为事务管辖;至如何执行之方向,则职务管辖也。检察厅之职务管辖亦有分业,而无单纯之管辖,非如审判厅有诉讼审判与执行审判厅、一审审判厅与上诉

---

① 宜:适当情况。
② 未始:未尝。

审判厅之分也。诉讼与执行之分，指民事诉讼言。例如，若干元以上之债务归地方审判厅审判，而强制执行则归初级审判厅是也；刑事执行归检察厅则无此区别。至一审与上诉之分，指三审制度言。即第一审与控诉（第二审）、上告（第三审）是也。抗告亦属上诉之一种，不在三审之中，故另列之。

甲、关于刑事诉讼

检察厅应行职务之趋向，关于配置审判厅所管辖之刑事案件之公诉，得分为准备、提起、实行、裁判之执行四种，上诉事宜亦在其中，详（见）本章第二节至第五节；公诉事宜分准备、提起、实行与判决执行四种，上诉即包含在实行中。此四种在刑事上最为重要，后详言之。

乙、关于民事诉讼

第一，（检察官）代表审判厅为民事诉讼之当事者时。《日本裁判所构成法》第142条，仅准其（即检察官）立于被告之地位；按之中国《法院编制法修正草案》第九十一条所预定，则并准其立于原告之地位。

【按】审判厅在民诉上为被告时。例如，审判厅买人物品而未付价，被人控告之类是也。审判厅本国家之机关，如无特别法律规定不能为债权或债务者。盖官厅出入由国库主持之，① 无独立之人格也。然为便利起见，于特别会计之范围内，② 许之为被告由检察官代表之。日本只许审判厅为被告不许为原告者，以为原告自有会计官在也。然既可为被告，即可为原告。故中国《法院编制

---

① 出入：支出收入；主持：负责掌握。

② 会计：交易、买卖。

法》并许之。

第二，参与人事诉讼时。从法律之所定有为原告时，有为被告时。

【按】人事诉讼检察官为原告者。例如，婚姻之事本为有效，而检察官诉其不合于民法之规定，欲解除其婚姻提起离婚之诉是也。至为被告者。例如，夫或妇为取消之诉未判决时，夫妇间或亡故一方夫妇间取消与对方夫妻关系，故其夫或妇为被告者有死亡时，苟检察官即代之为被告也。

第三，禁治产之请求时，当然而为原告。①

【按】禁治产之请求由利害关系人为之。因其不请求而检察官代表公益请求之，则当然为原告也。
前三项皆检察官为当事者，兹则不过会同而已。②

第四，会同民事诉讼时。

【按】为公益起见，仅陈述其意见而已，非为原告亦非为被告。

丙、关于非讼事件

检察官有仅会同其事件而止者。例如，《日本非讼法》第46条；

---

① 禁治产：禁止管理财产。指对于无民事行为能力人和限制民事行为能力人或有酗酒、吸毒、赌博和胡乱奢侈消费等恶习的人，禁止其进行财产管理的约束制度。

② 会同：到场参与。

有立于请求者之地位者。例如，同法第51条、第59条；有受通知而止者。例如，同法第49条、第52条；有为抗告提起时者。例如，同法第91条、第95条、第110条等。

丁、关于行政事务

检察官于可发命令之时，不可不行调查与断定及实施之监视；于判事之惩戒裁判，宜实施恰如刑事诉追之行为（该法第17条以下）；于律师之监督，得会同律师会及行惩戒诉追。

【按】以上所言，当视各国之法律规定如何，中国此时尚未有规定，至本讲义所举皆日本法也。

第三项 检察厅之土地管辖

《法院编制法修正草案》第九十二条云："凡检察厅之管辖区域与各该审判厅同。"而审判厅之管辖区域，据同案十一条由法部酌核奏定。故由法部奏定审判厅之管辖区域时，同时其所配置之检察厅之区域管辖亦定。

【按】检察厅管辖区域原则上与审判厅同，故审判厅之管辖区域定而检察厅区域亦定矣。管辖区域于人民之权利、义务大有关系，故各国皆由法律定之。中国此时议院未成立，尚无法律与命令之别，故权由法部奏定。

同案第九十三条云："凡遇紧急事宜得于管辖区域外实施职务此乃对于前条原则之例外，本乎检事为一体之法理，对于分业法加以限制使得为紧急处置之宗旨。"

【按】紧急事宜往往规定于诉讼中，然法律亦不能预定。例如，检察官临检犯地，①身在管辖区域外遇现行犯，如殴打等类，可以逮捕之。此前条之例外也。

第二节　公诉之准备

检察官之职务涉及刑事、民事、行政、国际各法，其范围甚广；而常以关于刑事法为其最重要者。

关于刑事法之检察事务，以公诉事宜为其中心；实行公诉事宜之开始，为提起公诉准备上必要之办法。

公诉云者，乃证明犯罪及适用刑罚之诉也。此定义，在学理上未见适当不过。简单言之，以期易于了解耳。言公诉者，以此诉权专属于国家故也。古时此诉权属于个人，于前述沿革已略及之，其详俟第三节"公诉之提起"再述之。

【按】属于法国法系之诉讼法，准备公诉之办法可分为二：一为行于起诉前之搜查处分，一为行于起诉后公判前之预审处分。前者属于检察官之权限，后者属于预审推事之权限。然检察官提起公诉之后于公判推事开始公判前，另由预审推事实施预审处分所得不偿所失。在外国有识者，早主张废止此制。中国修订法律馆有鉴于此，在外国名为预审之处分，中国则采用起诉前使检察官实施之学说。故本节（结）合法国主义诉讼法之所谓搜查处分与预审处分，说明之。②

---

① 临检：为预防对社会治安、风俗、卫生等方面有不良的情事发生，执法人员所执行的检查勤务活动；犯地：犯罪地。

② 此段也是对当下有人主张将逮捕权移交法院行使主张的否定佐证。

德国、日本皆主（张）法国法系之诉讼分准备公诉之行为，为二：一为起诉前之搜查处分，属于检察官；一为起诉后之预审处分，属于预审推事。中国此时修订法律当比较其得失，弃短取长，不宜强从外国之法。论者每诋前清《新刑律草案》为盲从外国，[①]其实有取材外国者，有为中国特色者，比较而后知之。即如预审处分，中国修订法律馆拟采主义不另置预审推事，而使属之检察官亦其一端也。试以预审处分归预审推事办理，不宜之点言之。例如，有犯人于此，先由司法警察吏侦探之报告于司法警察官，再由警察官命警察吏搜查之，然后报告于检察官复行搜查后，乃送预审推事。此时，仍当继续搜查，亦用司法警察吏与司法警察官或检察官是。

搜查分为3次，而预审亦专为搜查行为。不过预审时之搜查许用强制方法，检察官之搜查不许用强制方法，此其相异之点，无法理之可言。只有法国之历史可述。

盖法国当时，（为防止）检察官搜查滥用其权力以蹂躏人民之权利，因不使检察官行强制方法，而使预审推事行之，以为可得公平。然不能谓检察官滥用职权，预审推事必不滥用职权也，且此乃用人之不善，初非法之不善也。同一搜查行为，而令两种机关司之，其不当自不待言，且更有预审之弊。检察官必经搜查，而后送付预审；[②]预审推事之搜查，大抵不出检察官搜查范围之外；不过检察官之搜查无强制力，而预审有之。故检察官尚有须藉预审推事之强制力之时，检察官能用强制力。即由检察官搜查而已，足矣。

又预审之际被告人所供述，至公判时往往翻改是。预审推事之搜查既不免重复之弊，而预审之口供又复不实，则何如以预审事宜直归

---

① 诋：诋毁、诽谤。

② 送付：移送。

之检察官,之为得也。

【谦按】此节证以现在京师各厅之经验,①亦殊觉预审处分分别办理之无实益。②而实际上,于检察官既经调查案情,预审推事初毋庸复查,第因预审讯供在公判时往往翻异,③而预审遂属为专门注重讯供之手续,于立法之本意遂至相远。

要之,预审处分当归之检察官办理,实属有利而无弊。如冈田所云云也。④

第一项 搜查处分

甲、搜查处分之定义

据法国主义诉讼法下定义时,搜查处分者,求断定应否起诉,以何者为根据之办法也。然自中国刑事诉讼法所拟采用之主义观之,搜查处分又不可不谓为求断定应否开始预审,以何者为根据之办法也。

搜查主义,法国主义与中国拟采之主义不同。中国主义,在断定应否开始预审。盖搜查后,有直送公判而不开始预审者;法国主义,则在断定起诉、不起诉而已。

或者曰搜查处分与预审处分若俱属之于检察官,岂此两者竟毋庸分别乎?⑤不知预审办法对于人及物不可不用各项强制处分,而强制处分使他人受损害者不尠。⑥故(时)值有罪之嫌疑其根据未深之际,即许用外国法之所谓预审办法甚属危险。将来中国虽将搜查与预审俱属

---

① 证:验证。
② 实益:实际利益、真实的好处。
③ 第:但。
④ 要之,一言以蔽之;冈田:冈田朝太郎。
⑤ 分别:区别。
⑥ 尠:少。

之检察官之权限，然其次序则拟于搜查处分既毕之后，受长官之命令，始实行预审处分也。

【按】搜查与预审合并为一，则检察之权力过大或有蹂躏人民权利之虞，不可不定折中之办法。即犯罪之嫌疑未深之际不许用强制处分，嫌疑既深乃许用强制处分。此立宪国之大原则，不妄蹂躏人民之自由，① 亦不妄限制官吏之权限是。搜查、预审确有次第虽合为一，实仍分为二也。

乙、搜查处分之范围

搜查处分以决应否开始预审（之）办法及应否直（接）提起公诉为宗旨。此中国所拟采用之主义，而实施下列各项事宜：

第一，辨识有无（具）备犯罪性质之事实。例如，遇有死者之际，辨识其系病死抑系变死之类。② 可对照本项第五（点）之说明。

第二，有犯罪行为时，辨识其犯人。

第三，辨识诉讼条件具备与否。诉讼条件者，乃已经起诉之后其诉讼能否成立之条件也，（包括）：①有审判权；②有管辖权；③有当事者能力——为刑事原告人之能力、惟检察官有之；④当事者或代理人有诉讼能力；⑤尚未有权利拘束既诉状态及确定判决。③

【按】①至④为（公诉）积极条件，⑤为（公诉）消极条件；所谓有审判权者，本国审判厅于该案有无审判之权也。如有领事裁判权，于本国之外国人民则本国无审判之权。

所谓有管辖权者，如非犯罪地、又非犯人所在地，则虽着手

---

① 不妄：不能随便行事。
② 变死：作死、病死之外的死。
③ 权利：实应权力，旧中国"权利"与"权力"通用。

搜查无管辖权不能接续办理之也。

所谓有当事者能力，即可为原告人或被告人之资格也。

所谓诉讼能力者，即可亲身实施诉讼行为之资格也。当事者能力与诉讼能力有别。例如，未成年者有承继家产之资格，遇有承继财产而起诉时，此未成年者可为原被告人，固有当事者能力。然不能亲身为诉讼之事，必用代理人，此无诉讼能力也；权利拘束者，谓已起诉而未决之情形也。

同一事件已起诉于甲审判厅不能更诉于乙审判厅之谓也；权利拘束以拉丁文"ne bis idem"译出词义不甚明晰，实即既诉状态之意；至判决确定者，指不能再变动而言，此一事不再理之原则也。然一事不再理非不准上诉之谓，乃确定后不准再理之谓，上诉必在判决未确定之前。如判定后经过一定期限，不能上诉也。

以上五种非辨识之起诉、不起诉不能决也。

第四，保守嫌疑人。①
第五，保守证据。

【按】保守嫌疑人不能逮捕、监禁，惟设法以防其逃逸；保守证据不能查封、禁锢，惟注意不使灭失。盖二者不能行强制处分，不过为预备开始预审起见而已。

实施以上各项事宜之限度，当以辨识足以决断应否开始预审办法及应否即行提起公诉之事实，为率。②

丙、搜查处分实施之方法

搜查处分为辨识前段列记事宜起见，原则上不许用强制处分。盖

---

① 保守：保卫守护。
② 率：标准。

值有罪嫌疑之根据未深之时，务以不损害他人为宗旨。因此，原则遂有下列之结果：

第一，经本人之承诺时，得使嫌疑人或证人同行至（检察）厅并讯问之。

第二，经承诺时，得实施搜取证据所必要之一切行为。

第三，得照会公务所（一切局所或官厅），① 而求必要事宜之报告（《日改刑诉案》第228条）。

【按】搜查处分除强制方法外，皆可用之。如照会公务所而求必要事宜之报告，固在各衙门之相助为理。又如嫌疑人未知之时，用侦探之方法亦可，或疑刑事案件不用强制方法恐其无效，然使侦探得力警察完善不用强制方法亦可。

实行搜查，惟对公务所只能求其报告，而不能嘱其代为搜查。例如，检察官对其车站询问，某月日时，有无某形状、某服色之姓名或不知姓名人买票乘车请为报告则可，若托其搜查车上有无犯窃盗者则不可。

然亦有可托其搜查者，必仍系搜查机关，此在法律上谓之共助。② 中国将来必有受命检察官与受托检察官之设，受命检察官者，乃受主任检察官之命而办理其一部分之事也；受托检察官者，乃由他检察官托其办理某事者也。例如，甲地之某犯人在乙地，甲地检察官托乙地检察官为之搜查即受托检察官也。

于前段所述，有一例外。如遇当迅速处置之情节时，于搜查办法尚得加以强制方法，且其情节可犹以诉讼法规定之。现今之通例，大

---

① 照会：通知。
② 共助：共同协助。

略如下：①于现行犯人，得即时勾引之；①②证据材料如有湮灭之虞时，得用强制方法以保守之。证据材料如杀人之血痕，屋主惧祸而湮灭之，极易为保守起见，即令封其住屋亦可。此等细微之办法，均可规定于《诉讼法》内。

丁、搜查机关

搜查为起诉之准备行为，故其机关当用担任公诉事宜之检察官。然以有限之检察官必不能实施无限之搜查事务，不得不设辅助机关。此所以有第一章第四节所记各官也。

> 【按】该节所述警视总监、东京府知事外之地方长官等，于其管辖区域之内，得享有地方检察官同等之搜查权。故非立于检察官指挥命令之下，为其补佐（人员）也。

日本制度，惟东京府知事不管警察、特设警视总监掌理警察事务。此外，府县知事皆管警察，故与地方检察官有同等搜查权；但搜查权虽相等，而起诉权仍专属于检察官也。反之，司法警察官则当受检察官之指挥，司法警察吏亦当受检察官及司法警察官之命令，为从事搜查各务之补佐（人）员。

检察官何以能指挥命令司法警察官？盖搜查之事检察官为主，司法警察官为辅。中国于官等与职权往往相混，不知二者本不相同。例如，审判厅之推事不过五六品，而诉讼人中有一二品大员者仍须受其审判。可见官等与职权不同也。故检察官有六七品者，司法警察官有四五品者，于搜查时仍当受检察官之指挥命令。

再以例言之，如日本之华族子弟有为高官者，有袭五等爵者，入营为兵即当服从统帅长官之命令，其长官之官等虽止六七品，仍不能

---

① 勾引：扭送、拘留。

不服从也。

检察官与补佐(人)员事务上所应遵行之办法,于各案件之情节不能预定。但大略如下:①由检查、认知犯罪及犯人时,[1]得即实施紧急处分,而后指挥或命令补佐(人)员实施其他必要处分;②由补佐(人)员先认知犯罪及犯人时,亦得实施紧急处分,而后报告检察官受其指挥命令实施其他残余之处分。

戊、认知犯罪及犯人之径路

检察官及其补佐(人)员认知犯罪及犯人之径路,有出于自动的与他动的之别。

自动的认知之径路,可分为两种如下:①目睹现行犯;②非现行犯之发现。例如,报纸记载人言传述发现犯罪之类。

他动的认知之径路者,受自首、告诉及告发是也。自首者,由犯人自行投告犯罪是也;告诉者,由被害人及其他有权人告知犯罪是也;告发者,由第三者告知犯罪是也。关于此等犯罪之通告,可采用如下所列之规则:

第一,(接受自首、告诉及告发之人)自首、告诉及告发,检察官、司法警察官均当受纳。

第二,(接受自首、告诉及告发之地)当于被告人所在地或自首人、告诉人、告发人所在地,行之。

第三,(接受自首、告诉及告发之方法)或用书面或用口述均可。但官吏所告发者,则当用书面;至其他用口述,以自首告诉、告发者受理之官吏员或其他之当该(官)员,[2]当作调书录供文书。[3]

---

[1] 认知:心理学上指个体经由意识活动而对事物产生认识与理解的心理历程,发现。

[2] 当该:该当,应当、应该、职掌。

[3] 调书:调查书写。

【按】（上述）第一项为受自首告诉告发之"人"；第二项为行自首告诉发之"地"；第三项为行自首告诉告发之"方法"。

第四，在亲告罪于原则上当令被害人告诉之，①但当以法律规定此为例外之情形。亲告罪者，非由被害人或其他有权人告诉，检察官不得起诉之犯罪是也。例如，通奸罪非本夫告诉，侮辱罪非受侮辱者告诉，检察官不能提起公诉。然亦不仅被害人有告诉权，法律上于被害者外一定之人亦予以告诉权。如被害者之亲族是也。

以上认知犯罪及犯人之径路虽不同，而实施搜查之方法则无不同。但自首一层，乃犯人自行愿以犯罪告知于官厅非由搜查得来，实与自白无异。②故自首可包于广义之自白中。

中国对于犯人自白者，即可据以定案。各国惟对于最少限之拘留罪及最少额之罚金罪，法律上认其自白时，可下判决。然使罚金稍多、拘留限稍长者，必须加以调查而后能下判决。盖自白不过形式的证据之一，但凭此以下判决未必能得真实之情节也。

【谦按】中国现在审判仍不能舍供招主义而采证据主义，与改良司法之旨实相冲突。盖审判之形式求其文明，而判决之根据仍用旧制，徒令审判官增一重困难，而检察官之调查均归无效是。

供招主义与现在改良方法，必不能兼容者也。又供招在外国重书记之签押，而中国则重犯人之签画。

于是，往往有犯人业经认供，而坚不肯画者。盖明知案情无

---

① 亲告罪：指受害人告诉才处理、不告诉不处理的犯罪。
② 自白：即供述，披露隐私或内心情况的声明，多为书面陈述。

可狡赖而画供,① 则罪无可逭。② 故始患其不供,而继又患其不画,此尤供招主义中不善之制也。

己、搜查处分完结之办法

完结搜查处分时,宜行之办法有四:一曰搜查中止之办法;二曰送致于当该检察厅及其他官署之办法;③ 三曰开始预审之办法;四曰提起公诉之办法是也。

第一,搜查处分之中止。搜查之结果有下列各项之事实时,即当中止其处(分):①被告人之行为不作为犯罪者及全免刑罚者;②既经确定判决者;③犯罪后因改正法律为无罪者;④经恩赦者;④ ⑤因时效公诉权消灭者;⑤ ⑥被告人死亡者;⑦亲告罪之未经告诉者及注销告诉者;⑧被告人不服中国之审判权者。

【按】上述①项被告人之行为不作为犯罪者。如有犯罪之嫌疑者经搜查后,其行为实不为犯罪是;全免刑罚者,如未成年者犯罪不加刑之类是;②项确定判决者,指判决后经过一定上诉期限言;③项犯罪之后因新律施行改正为无罪者;④项恩赦,包大赦、特赦言。大赦者,如新君登极恩诏援免天下人犯是;特赦者,如特旨加恩减免某犯是也。⑤项"时效"二字,就刑事法言,乃公诉权与行刑权因经过一定之时期而消灭之谓也,此处则专指起诉权经过一定时期言。⑥项无甚解释。⑦项亲告罪未经告诉者,即本人不告诉检察官无凭办理注销告诉者,已告诉而自请注销不愿

---

① 画供:罪犯在供词上签字,表示供词属实。
② 逭:逃避。
③ 当该:该当,应当、应该、职掌;送致:移送、解送。
④ 恩赦:帝王登极等大庆时,下诏赦免罪犯。
⑤ 时效:即追诉时效,指刑法规定的司法机关追究犯罪人刑事责任的有效期限。

涉讼者是也。⑧项被告人不服中国审判权者。例如，有领事裁判权之国其人民不服从住在国之审判权是也。

以上八种之事实中有第①—⑥者时，全无续行搜查处分之必要；① 但关于第⑦项、第⑧项，因其情形虽续行搜查处分亦可。

第⑦项、第⑧项虽无起诉之必要，然为将来保存此种事实，虽续行搜查亦未始不可，盖法律上未尝不许续行搜查也。但有应注意者，第①—⑥如其事实已甚的确，② 固不必再行搜查；如尚不甚的确，仍可续行搜查。至第⑦项、第⑧两项，虽事实已甚的确，可仍续行搜查此其异点也。

既经提起公诉时，应由审判官命搜取证据。然检察官之搜查权，非因此消灭也。故检察官亦得行认为必要之搜查行为。

既经起诉之后，应由审判官行搜查证据之事，此分业之道也。然检察官之搜查权非因此而遂消灭，此即权利拘束（即既诉状态）者可以消灭检察官之搜查权否之问题也。

中国将来规定诉讼法于起诉前检察官固宜有搜查或预审之权限，而起诉后之搜查权检察官仍得有之。

第二，送致当该官署之办法。搜查之结果有下列各项之事时，其案件应送致各当该官署：

其一，属于（其）他检察厅之事务管辖或土地管辖时。关于此情形有一应注意之点——检察厅之有事务管辖及土地管辖之规定系为分业之必要起见，自其本来之性质言之，检察官乃合上下而为一体者。③

---

① 续行：继续进行、再进行。
② 甚：很；的确：确实。
③ 一体："检察官同一体之原则"之简称，亦称"检察一体化原则"，指检察官不可分之原则，检察厅为司法行政之机关，对于审判衙门，固处于独立地位；而其内部关系，则全国之内虽有若干检察厅，合之仍成一体，其首长为司法总长。

故送致案件时，不似审判厅之用管辖错误之办法，而用案件送致之办法，且行送致前一切紧急必要之处分，不可不将报告一并送交当该官署。

【按】检察官之性质上下合为一体，彼此当相助为理。故不能用审判厅管辖错误之办法，而用案件移送之办法，并应将移送前一切紧急必要处分详为报告。

其二，属于军人审判所等特别审判厅之管辖时。于此情形，凡紧急必要之处分仍不可不由检察官行之。此等紧急必要处分要检察官行之，盖检察（官）乃代表公益者也。

其三，系违警罪时。

其四，被告人若不服中国之审判权，有送致其所属国该管官署之必要时。被告人不服中国审判权送致其所属国之官署，必因条约或惯例之故送致之。例如，由警察发觉者，即由警察厅送致；如有检察厅发觉者，则由检察厅送致。

第三，预审之开始。由搜查处分全获公诉之证据时，即可毋庸预审而径行提起公诉。如后段所述者。然就实际考之，非用强制方法不能搜集完全证据之时为多，是以复有预审办法。

其一，处分——不用强制方法已获得满足证据，则直提起公诉不必续行预审之事。然实际上不用强制方法，证据往往不能充足。故搜查之后起诉之前，大概必经过预审之阶段也。

其二，在法国法系诉讼法之规则，预审由检察官于提起公诉之后由预审推事行之。故于预审所有强制命令，原则上非预审推事不得发之，但亦有由检察官发强制命令之例外。中国舍此主义，拟采检察官办理预审之主义。故于预审开始之后与检察官以发强制命令之权力。

其三，法国法系之诉讼法，预审系由检察官起诉后令预审推事行

之；中国拟采用检察官掌理预审主义——则凡外国预审推事所有强制力之命令，悉移归于检察官也。

其四，检察官行搜查处分后移于预审之办法，现虽为起草委员研究之问题尚无成案，但如下所记之方法，似可采用：

一则在用法国主义之国，检察官搜查处分终结之时，即移送审判厅开始预审。今拟搜查与预审均属之检察官，则由搜查以进于预审不可不有一定之办法，如下所列举是也。

二则地方检察官于搜查处分完结之时，附陈己见申报地方检察长，受其命令，而后开始预审。如地方检察长下不可开始预审之命令，与主任检察官意见不合时，可申报高等检察长，受其命令。主任司法警察官、告诉人及告发人亦同。

三则主任检察官，即办理此案之检察官也。主任检察官请开始预审，地方检察长许之，固可无他问题；若意见不合时，该主任检察官可申请于高等检察长而受其命令；如高等检察长仍不许时，则不得开始预审。此盖防止检察官压抑案件，而不起诉之法意也。

四则初级检察厅及地方检察分厅之监督检察官，[①] 得指挥开始预审；若不指挥开始预审时，该检察官得申报地方检察长受其命令；其无监督检察官者，由主任检察官专断之；若不开始预审时，司法警察官、告诉人及告发人得申报于地方检察长受其命令。此段理由，亦防止压抑案件不起诉之弊与前段同。以上规则乃预防滥用强制方法及防抛弃预审处分之弊害者也。

上述之办法不外防弊之宗旨。夫使主任检察官可以自由断定起诉与否，则有当起诉而不起诉之弊，其他司法警察官等不过为其补佐（人）员，势必至于专断而不起诉；又使主任检察官可自由开始预审与否，则将有滥用强力之虞，人民多受其害。故或使受预审开始之命令

---

① 监督检察官：亦称监督检事，专门指挥、监督检察官工作的检察官。

于地方检察长等，或使受不开始预审之命令于地方检察长。盖斟酌于二弊之间，而为其权力之限制也。

第四，公诉之提起。检察官依搜查处分提起公诉并实行之，果能搜得完全证据，则不开始预审而径向审判厅提起公诉；若其案件系属他审判厅管辖时，应送致于该厅配置之检察厅。如第二段所述。

【按】此处所谓公诉之提起，乃指搜查处分终结后即直接提起公诉言，与下第三节已经预审而提起公诉异。盖搜查处分既毕有种种办法，或中止搜查或送致他官厅或移送预审推事检查后证据十分的确，即直提起公诉。例如，获得现行犯时，犯人、证人、证据物件均足，可直起公诉毋庸预审也。

司法警察官依搜查处分已达前段所述之情节时，应报告管辖检察厅使得据此起诉。

第二项 预审

甲、预审之宗旨

预审者，为提起公诉并实行公诉起见，以搜取要证为宗旨之调查方法也。

在法国法系之诉讼法，为决定案件应付公判与否，于公诉提起后行之。在中国新主义，则为决定案件应提起公诉与否，故于公诉提起行之。此两者之大别也。

故由中国之主义言之，预审者无论实质、形式全系搜查处分之继续办法。只因其在许用强制处分之时期，故有预审之名耳。就法国主义言之，搜查处分为行政处分，故归于检察官。至预审其实质上虽系搜查处分，而其形式上系审判事宜，故属于预审推事。就中国所采新主义言，则不惟搜查处分系行政处分即预审亦行政处分，且不惟其实质系行政处分即其形式亦行政处分，而非审判事宜。不过因预审时用强制方法而易其名，故宜属于检察官。此其不同之点也。

乙、预审中检察官之权限

搜查之结果，有罪之嫌疑根据既深，认为应提起公诉时，由检察官开始预审。当是时关于嫌疑人之保守方法，与夫讯问、检证、押封、搜索以及证人、鉴定人、通译人之讯问等，① 检察官应有之权限。之权限与法国主义之预审推事相等，不可不予以强制之权力。

以上所述，皆法国主义预审推事之权限；中国立法主义拟归检察厅办理，则此种权限当然属于检察官也。

第一，嫌疑人之保守方法。② 保守嫌疑人之方法有三：传之、拘之、管收之是也。

初传无强制力，③ 不过催之到案而已；所用书，④ 或名曰"传票"；传到之嫌疑人，应即时或即日讯问之，以决其应否管收。⑤ 若被传而不到案者，或再传之，或发拘票拘之。⑥

保守云者，非保护之谓，有维持现状之意。其始不过传呼嫌疑人到案，无强制力；被传之人到案当日讯问之，以定其应否拘留。所以，防侵害人民之自由也。

惟对于被呼出而不到（案）之人，则或再行传呼，或直发票拘致，⑦ 是为原则。其例外如下：

【谦按】保守嫌疑人之法，日本为呼出、勾引、勾留三种。此

---

① 检证：检验证据；押封：扣押封存；搜索：搜寻探求。
② 保守：保持看守状态。
③ 初传：首次传唤。
④ 书：法律文书。
⑤ 决：断定；管收：拘束，拘束债务人或有为债务人清偿债务职务之人。
⑥ 拘：拘留。
⑦ 拘致：亦称拘至，拘留到案。

三种各有令状,即呼出状、勾引状、勾留状是也。

中国传人、拘人之令状向谓之为"票",其呼出状即"传票",勾引状即"拘票",其勾留状一种或曰"收签"或用通常"片付",① 乃内部办事所用,向不发出。② 此其异点也。

又中国对于旗人之毋庸拘留,而又恐其逃逸者,尚有交旗收管一法。交出用文移,③ 而取具该管旗佐图片,④ 以为嗣后传案之据。此亦研究中国办事方法,所应知也。

《日本改正刑诉草案》第43条,于下记各项情形,直行拘致:一嫌疑人系无一定之住居时;⑤ 二嫌疑人有湮灭罪证之虞时;三嫌疑人系逃亡者及有逃亡之虞时。检察官对于寻常嫌疑人虽不许径用拘票,然嫌疑人如有以上三种情形之一,即可直发拘票。此规定,中国亦宜采用也。

拘票不仅有强制拘致嫌疑人之效力,且有于一定之时间管收嫌疑人之效力,其时间通例甚短(日本现行法48小时),以便调查该嫌疑人应否管收而已。

拘票有管收嫌疑人之效力,然不为定甚长之时间者,以被拘留者应否管收,无难从速决定也。⑥

嫌疑人自行赴(检察)厅或因被传被拘至(检察)厅,由讯问中发现有以上三项情形(之一)时,得发管收票管收之。管收之日期,无一定之限制。

---

① 片付:整理书、通知、通报。
② 向:一向、向来。
③ 文移:公文。
④ 图片:清代由八旗佐领所出、盖有图记的保证文书;佐:佐领,旗主。
⑤ 住居:住家起居。
⑥ 无难:不难、容易。

传票、拘票、管收票记载：嫌疑事件，嫌疑人之姓名、住所及其他必要事宜，由主任检察官署名、盖印。但拘票于嫌疑人之住所不难知时，可毋庸记入；若并不确知其姓名时，但记载其容貌、体格及其他之征表。① 以上为令状填写之格式。

凡票由司法警察执行之，被引致之人有请求时，② 以票示之；其引致之处，应遵票内标明之检察厅或监狱。③

传票之送达，诉讼法上有一定之规则。送达时，须照诉讼法所定之办法；拘票则不用送达之方法，而由司法警察吏执行之；被拘之人如有请求时，须以票示之，防有不法之。拘致必有正当之票，而后受之；如无票或有票而不合定式（如无官长钤印之类）皆可拒绝之，④ 所以保护人民之自由也。

嫌疑人之所在不分明时，由高等检察长命其管辖地内之检察官使发拘票搜查、拘拿之。⑤ 受此命令之检察官，得标多数之拘票，⑥ 分给多数之司法警察吏。此以属之高等检察长者，因其所辖较宽，搜查易遍也。⑦

被管收之嫌疑人按法律所定之情节，得准保释或责付。⑧ 此亦中

---

① 征表：特征表象。
② 引致：引发导致到案。
③ 遵：依照、按照。
④ 钤印：中国古代官方文件或书画、书籍、诉讼文书等上面的印章符号。
⑤ 拘拿：逮捕、捉拿。
⑥ 标：标明，指用文字或其他事物表明。
⑦ 遍：全面、到处。
⑧ 保释：被告人被羁押时，由被告人、本人、被告人之法定代理人、保佐人或其配偶声请，以相当保证恢复被告人自由之法也。因此，它类似于现在的财产保。责付：被告人被羁押时，由其亲属提出证书，交付被告人与其亲属，恢复被告人自由之法也。因此，它类似于现在的人保。而羁押，是指法院或检察官对刑事案件为执行刑罚、保全事证的真实，或方便诉讼的进行，对刑事被告人依法拘禁，限制其自由。

国原有之办法。保释由嫌疑人或其亲属请求,而许其取保释放;责付由官厅认定,而责付其亲属。(两者)实际皆同,但一为他动,一为自动耳。

拘拿以发拘票,使司法警察吏执行之为原则。但如前所述情形,准径行拘拿之,①现行犯应设例外规则,如下:①检察官得用口号,②命司法警察官或司法警察吏拘拿嫌疑人,或直亲身拘拿之;②司法警察官不带拘票径行拘拿嫌疑人,或用口号而命司法警察吏拘拿之;③司法警察吏不待拘票及命令,径行拘拿被告人;④普通一般人,亦得逮捕现行犯人,③送交地方检察官、初级检察官、司法警察官或司法警察吏。

所谓备前述准发拘票之情形,④即前述第43条所列之三种是也。其例外,可不用拘票而拘之;若无此情形,则虽系现行犯之嫌疑人亦不必拘之也。

第二,嫌疑人之讯问。讯问嫌疑人宜设大略规则,如下:

其一,初讯,决其人有无错误所必要之事宜。⑤此无论古今东西各国皆然。必先问其人之姓名、职业、住所、年龄、是否所欲传讯之人;若不先问明确,后乃发现所讯问者并非其人,则以前之种种讯问皆归无效也。

其二,次告以嫌疑之事由,问有无欲供述之处,并示申辩之机会。嫌疑之事由,即因某案牵涉,如强盗或窃盗之类,且讯其有无陈述,并予以申告有利益于己之机会者。⑥

---

① 径行:直接。
② 口号:口头、话语。
③ 逮捕:类似于现今的扭送。
④ 备:具备。
⑤ 初讯:初次讯问;决:了解、疏通。
⑥ 申告:表明、控告。

【按】（首先）因审判当以发现真实为宗旨。

若用形式审判之国，其审判检察官如遇见有犯罪嫌疑人，据司法警察官之报告，先与有罪之名相替。①其次，认供专从有罪方面调查，而嫌疑人无不罗织成狱矣。②

（若）用发现真实审判之国，审判检察官先无成心，③不但调查嫌疑人有罪之证，也需调查其无罪之证。检察官以真实发现为宗旨，以判处罚或明释之衡。④此两者之区别也。

其三，讯问之时，令检察厅录事录嫌疑人之口供，是即"预审调书"之一部。⑤书记所录之供，须朗诵使嫌疑人闻之；如有错误，则为更正。

其四，讯问之际禁用威吓、诈骗，至于殴打、拷责尤在严禁之例。⑥

现今审判重证据而不重口供，故一切威吓或拷打之行为皆在所必禁。盖讯问口供不过证据之一端而已，不能据此定案也。

【谦按】中国旧日审判专重供招，⑦然未尝无众证确凿，即同狱

---

① 相替：判断、替代。亦即先入为主地认定有罪。
② 成狱：成案。
③ 成心：成见，指对人事存有主观的见解。
④ 衡：权衡。
⑤ "预审调书"：预审调查书。
⑥ 诈骗：欺骗；拷责：拷问、责罚。
⑦ 供招：承认罪行的供状。

成之律，① 但限于军流罪名以下，② 始准适用本条。

且拘牵文义必须3人以上，③ 始得谓之为"众"。而又限以上司层递、亲提奏咨立案，种种繁难之手续。④ 故承审官不惮以严刑而求供，而罕肯以众证而定罪。⑤ 至死罪以上，则虽有确凿之众证，仍非有切实之口供不能判决。立法者浑然不知供之难求，乃明定命、盗案件得用刑讯之法。于是，立法之意遂至互相刺宥，⑥ 不符刑讯之意愿，恐诬服者受不白之冤。⑦ 乃自由刑则患其谋服，⑧ 而生命刑则不患其谋服，其故何欤？诚以人情莫不畏死，今既据供定案，夫孰肯供认死罪，不如却之刑讯问案，将何日完结。

然当其未结，之先承审官何所见面？知其确系当死罪之人而敢用刑讯，而无疑。如果确知，必已得有确实证据，则又何必有供招之后能定案。若尚未确知，则三木之下冤抑者，真不知有若干、凡几矣。⑨ 即使知其冤而释之而已，⑩ 受之刑已属不白之冤矣。况作供改、供画、白供种种弊端，⑪ 均足见供招不是。

---

① 未尝：不曾；众证确凿：众多的确凿证据；同狱成之律：同样成为成案的规律。

② 军流：充军和流放。

③ 拘牵文义：书本上的义理。

④ 层递：把要表达的意思按照大小、多少、高低、轻重、远近等不同程度逐层排列；奏：奏本；咨：咨询。

⑤ 不惮：不害怕；罕：罕见；肯：愿意。

⑥ 刺宥：量刑的宽严。

⑦ 诬服：诬陷服判。

⑧ 患：忧虑。

⑨ 三木：古代用来枷锁犯人颈项及手足的刑具；冤抑：受到冤枉压抑而不得伸张；凡几：共计多少。

⑩ 释：释放。

⑪ 供改：改变供述；供画：画供；白供：自白供述。

为证且顶因者，①虽供招不移，仍非真犯。立法者，果何所惮而不废供招主义乎？②至当停止刑讯而又不废供招？③之时代其审判之难，亦不待深论而可知矣。

其五，讯问及供述原则上用口供，但对于聋哑及能笔谈之外国人准用笔述。

以上五项讯问嫌疑人之规则，不独检察官行预审时当遵此规则，即通常审判厅之讯问亦当遵之。④

第三，检证、押封及搜索。前述嫌疑人之讯问其答辩，为证据之一种。故讯问嫌疑人乃为调查证据之一部。本节乃言讯问口供以外之证据。

其一，检察官开始预审时，为发现事实得临检犯（场）所或其他场所；并认为有其必要时，得发开坟墓、解剖尸体及实施其他之处分。此处检察官之权力甚大。例如，于某家为临检某案罪证，屋主不得拒绝之是也。

其二，证据物及宜没收之物，得押封之。⑤但由有权者任意提出之物，只领置之。⑥（其中，）证据物及宜没收之物，指动产言，固可以差押；然不动物产，如房屋之类，中国亦有查封之办法，亦可以差押。领置，则不含有强制力，不过保存其物于一定之处而已。

其三，为发现证据有其必要时，于法律所准之范围内，得实施身体搜索及宅第搜索。各国宪法皆定有人民身体自由、居住自由之明文

---

① 顶因：冒名顶替囚犯。
② 果：果断、坚决；惮：害怕。
③ 至当：恰当；停止：中止。
④ 而现在看来，一百多年前的上述讯问规则、理念与反对刑讯逼供之主张，又与现今何等相似，而值得反思借鉴。
⑤ 押封：扣押封存。
⑥ 领置：领取、认领处置。

（规定）。故关于此等搜索法律上有详细之规定，必于法律所准之范围内行之始可也。①

其四，检察官得行文于司法警察官，使（其）执行检证、押封及搜索等。然无论如何，均应使检察厅录事随同前往，但迫不及待时不在此限。必使书记会合者取多，一人为证即少，亦仿造证据之弊也。

其五，值检证、押封及之际，若检察官认为有其必要时，应移知审判厅推事会同之是。虽法国诉讼法所无之规则，然实际上固甚便也。

法国主义预审推事临检证据，有时请检察官会同。今拟以检察官办预审，故可请推事会同，比较实际上甚便。例如，有毒死案件，检查相验后提起公诉，推事（若）未经会同，苟未深信，又当重新相验；或尸体已埋葬，或须速用火化，或日久尸体变烂，均有不便。不如初验时，会同推事为之便也。中国现在之审判官，往往任其独行、独断，对于此种规则或视为不甚重要。将来教育进步行辩护士制度以保护被告人，与审判官对立则不能由审判官之专断。

故关于以上所述规则，立法时不可不注意也。②

第四，证人、鉴定人及通译人之讯问等。

其一，证人者，依诉讼所定方式，将关于诉讼案件已往之见闻，因当该官之讯问，而为之供述之案外人是也；鉴定人者，依诉讼法所定于式，将审理中之现在事实，因当该官之讯问，而为之供述之案外人是也；通译人者，翻译诉讼人语言之人是也。

【按】证人者，供述关于过去事实之见闻；鉴定人者，关于现在事实供述自己之意见；通译人，即翻译传话之人。

---

① 始：方。

② 而现在看来，一百多年前的上述证据收集规则、理念，又与现今何等相似，而值得反思借鉴。

其二，证人、鉴定人及通译人于搜查、预审及公判中，均应讯问并使用之。多数之立法例，惟预审推事、公判推事有对于此等人，得用强制力及使行宣誓之权。自然中国拟采用新主义之诉讼法，既以预审事务属之检察官之权限，则此等权限亦不可不予检察官也。

【按】宣誓方乃使证人、鉴定人自己发誓不为虚伪之陈述。至宣誓之方式，各国不同。日本则印刷其方式，载明证人等当述真实，不当隐匿情事或伪造言语，（并由）审判官诵与证人等闻之，令其宣誓。既宣誓后如陈述不实者，则科以伪证之罪。

其三，凡对于审判厅及检察厅之命令而为证人、鉴定人、通译人，与兵役、纳税无异，属于立宪国民神圣义务之中。苟无一定之理由而不到案尽宣誓述真之义务者，① 法律上科以一定之制裁。然又为保护国民自由，而于诉讼法上设种种之限制，此现今立宪国之通例也。

【按】证人、鉴定人有三种义务：一为到场之义务，二为宣誓之义务，三为供述之义务；供述又分为二：一为行供述，二为供述真实也。不尽此种义务，法律上科以一定之制裁。如不到场，则有不到场之罪；不宣誓，则有拒绝宣誓之罪；不供述，则有拒绝供述之罪；供述不实，则有伪证之罪。

夫法律所以定此种义务，与纳税、当兵无异者。因司法事务非审判官所能独断，而须有一定闻见之人与专门智识之人辅助之，② 乃能臻于完善。国民负此义务，由国家之（思）想发达而来。故今日国家思想发达之国，其人民不独以纳税、当兵为应尽之义

---

① 述真：如实讲述、作证。
② 智识：智慧才识。

务，即之为证人、鉴定人之到场、宣誓与供述应尽之义务也。①

丙、预审完结之办法

第一，检察官行预审，搜取一切关于嫌疑人利害证据，遇有下列情节时，应下不起诉之决定：①有罪之证据不确时；②嫌疑事件不为罪时；③犯罪后因改正法律为无罪时；④经恩赦时；⑤因（追诉）时效公诉权消灭之时；⑥亲告罪未经告诉时，并注销告诉时；⑦嫌疑人不服中国审判权时。

【按】遇上列各项情节，已提起公诉亦当停止，而不再进行。盖有如此情形，不能再行审判也。

第二，以上不起诉之决定应由何人决定之耶？若一人主任检察官之独断，他人全不干预，恐有滥用其权限之虞。故由主任检察官陈述意见，由监督检察官或地方检察长决定之。至初级检察厅惟检察官一人所为不起诉之决定，可由司法警察官、告诉人、告发人等向上级检察厅请求，更决定之。

【按】滥用权限，如借口于证据不足，或其他之理由应起诉而不起诉是。

监督检察官者，初级检察厅或地方以上检察分厅如置有两人以上之检察官时，其中资深者一人为监督检察官。此缘初级检察厅及地方以上分厅不置（检察）长官，惟以一人充监督之任而已。

若初级检察厅仅有一人之检察官为不起诉之决定，则可向上级检察厅请求其再议。

---

① 而现在看来，一百多年前的上述有关证人、鉴定人和翻译规定，又与现今何等相似，而值得反思借鉴。

凡此，皆以防检察官当起诉而不起诉之弊也。

【谦按】现在初级地方各检察厅，皆有起诉之责。然不起诉案件，亦所恒有经高等检察厅规定办法通饬各厅。①

对于不起诉案件，主任检察官均须详具不起诉之理由，立案存卷五日申送一次，以凭查核；如有错误，立饬更正。此亦所以预防流弊之一道也。

第三，下记情形，应中止预审：①嫌疑人死亡时；②关于同一案件既经提起公诉时。

【按】上（述）两种之情形不得谓之不起诉，不过须中止其办法耳。如嫌疑人既死亡，则目的物不存在，所以应中止而无所谓不起诉也。

上（述）第②项情形若有必要时，仍可进行搜查之事，但应规定其强制权（的行）使，不与推事之强制权相冲突。强制权在推事有之，兹检察官仍为搜查处分，自不可致有与之冲突之时也。

第四，下记情形，应将案件送付当该官厅：①属于（其）他检察厅之事务管辖或土地管辖时；②属于特别审判厅之管辖时；③因条约或惯例应送付外国官厅时。

【按】预审终结之办法，或为不起诉之决定或用中止之办法，或移送于当该官署。除以上各情节外，乃对于其检察厅配置之审

---

① 恒有：经常有；通饬：通令。

判厅应提起公诉也。①

第三节 公诉之提起

第一项 公诉提起之定义

公诉者,据犯罪事实,由国家特设起诉机关,向当该审判厅为之告理之谓也。②故公诉之提起者,对于审判厅之告理行为是也。以此告诉权属之于被害人或其亲族时,名之曰"私诉权"或"诉权"。然尔来法律思想,③凡犯罪皆属有害国家公益;害国家之公益同时又害私人之私益者,固不待言。故诉权应专属之于国家,此公诉之称所由来也。④

公诉者,以具体的断定科刑权之有无及范围为据。所谓"具体的",乃对抽象的而言;抽象的断定科刑权之有无及范围,乃指修订法律而言。例如,《修订刑法》(规定):"杀人者,处死刑;窃盗者,处窃盗之刑;对于凡犯杀人、窃盗者,皆照此科断"是,谓抽象的。至公诉则异,是乃对于一定之人、一定之行为而科以一定之刑罚,由审判特定之是,谓具体的,请适用具体的断定。"科刑权"即为公诉云,公诉者,因近来此种权属于国家。故也然公诉权虽专属之国家,而人民之告诉亦未尝禁止。

但告诉者,乃告知犯罪于司法警察官或检察厅,而非起诉。故不

---

① 而现在看来,一百多年前的上述有关预审完结规定特别是有关不起诉之规定,又与现今何等相似,而值得反思借鉴。

② 告理:告状、控诉、起诉。

③ 尔来:近来。

④ 而此等"犯罪皆属有害国家公益""诉权应专属之于国家"之观点,既是对检察制度随刑事诉讼特别是其中的公诉而产生"共识"的否定,也是公诉也属于公益之观点的肯定。进言之,国家及其代表创设检察制度的初衷有"三观":微观是防止警察、法官和检察官自身的恣意滥权,中观是维护国家代表的执政地位,宏观是保护社会公益和国家利益(亦即统称的公益),包括法律监督和公诉。

能因告诉而开始审判，必由检察官提起公诉乃生既诉状态（即权利拘束），然后为之审理。若被害人及其亲属之告诉，则不生此效力也。

第二项　起诉之办法

第一，公诉果应由何人提起耶？如前所述，犯罪有害于国家，故有公诉权者亦属国家，惟国家不能自行运用此权。因此，设名为检察官之机关，使之行使检察官非公诉权之本体，乃代国家行使此权之机关也。

【按】此段言公诉权之所属，乃属之于国家检察官不过为代国家行使此权之机关而已。换言之，公诉权并非属于检察官也。

第二，公诉应于如何时期提起之耶？在法国主义之诉讼法，搜查之结果认为，获得搜取有罪证据之希望时。关于较重之罪，依起诉而移送预审；关于较轻之罪，可因起诉而径行移送公判。

然在中国拟采用之新主义，则置预审于检察官之权限内。故经搜查处分后，或于预审之结果信其搜得足以主张公诉之材料时，即行提起公诉移送公判。但公判开始前或开始后，得由审判厅行证据之搜取，固不待言。

【按】公诉权当于同时提起。在法国主义检察官搜查证据稍有端绪，①重罪可送预审，由预审再行调查证据，乃送公判；轻罪则径送公判。

中国拟采用之新主义，检察官兼办预审，则搜查后并须行预审，详细调查后乃付公判。但既付公判后，如审判官视证据为不

---

① 端绪：头绪、眉目。

足,可由受命推事再行搜集之,无论公判前后皆可。

第三,起诉用何方式耶?原则上用书面行之,例外上应许用口述,但审判厅书记不可不作成其记录。

【按】上述于书面或口述之起诉,须指明如何事宜耶?公诉乃有行使诉权机关之告理行为,故不可不表示下列事宜:①指明一定之被告人;②指明一定之犯罪事实;③指明为起诉之根据之证据材料;④指明违犯刑法之条文;⑤原告人检察官及会同预审之检察厅书记,自署官职、姓名、盖印。

以上第⑤项所言,乃用书面起诉之办法。盖必用起诉状,而后检察官及书记等始署名、捺印;若用口述起诉,即无第⑤项事宜也。前述各项事宜中第③项、第④项在德国诉讼法以指明为必要,日本现行诉讼法则否至第⑤项下半之规则,则中国拟新加入之规定也。

日本现行法不指定第③项、第④项两事,《改正草案》仍须指定之。

第三项　检察官有无起诉、不起诉之自由

检察官方于搜查或预审后,对于一定之嫌疑人认为有有罪之根据时,必须提起公诉耶,抑犹得决定不起诉耶?[①]其说有二:一曰便宜主义,一曰励行主义。[②]

---

① 抑犹:抑或如同。
② 便宜主义:"起诉便宜主义"之简称,又称起诉合理主义、起诉裁量主义,指检察官对于存有足够的犯罪嫌疑,并具备起诉条件的案件,可斟酌决定是否起诉或不起诉的原则;励行主义:"起诉励行主义"之简称,指检察官对于存有足够的犯罪嫌疑并具备起诉条件的案件,必须起诉。

检察官有无起诉、不起诉之自由？此为刑事诉讼法上一大问题，有便宜、励行两主义如下：

便宜主义之说曰，检察官之提起公诉，固出于使审判厅处罚嫌疑人以保护国家公益之宗旨。故虽认为有有罪之根据，而因起诉、审判、处罚等项转有害国家之公益时，则有不起诉之自由。此日本实际所旨之说也。即由日本之法观之，已非正当之解释论。

【按】便宜主义之根据，以处罚嫌疑人为保护国家公益。若因处罚之而转使公益有害则不如不起诉之。为愈此不起诉，亦系从公益起见，非徇私情而不起诉，此便宜主义所主张之说也。

励行主义之说曰，以某某行为为罪否？据刑法既有一定之规则，非检察官所能变更是；有无为罪之行为乃嫌疑人既成之事，非检察官所能变更。若不拘有有罪之根据谓检察官仍可以不起诉是，无异于检察官有改动既成之事实，变更一定之法律之权限，于法理为不合是。故既有有罪之根据，则检察官非起诉不可。

【按】励行主义，即法定主义，谓某种行为为犯罪系刑法上所规定，非检察官所能变更有无为罪之行为，乃嫌疑人既成之事实，非检察官所能变更。故在法律上既定为犯罪之行为，则检察官不能不起诉。此励行主义所主张之说也。

专从法理上观之，便宜主义不如励行主义之正当，已不烦言。而解兹更进一步，从实地上考此两主义之利害得失，以决其取舍。

【按】专从法理上论，取便宜主义，检察官有不起诉之权是。有立法之权限，以行政官而兼有立法权，是于法理不合。

自实地上观之，便宜主义有一得一失。例如，对于一定之人提起公诉，而于内治或外交之上反生重大不便之处，起诉之得不足以偿处罚之失。于此情形，若采用便宜主义得自由决其不起诉，实为实地之利益，此其一得也。

然似此殊属少数例外之情形。若采用便宜主义，则于通常多数之情形上，长检察官或主任检察官时有滥用职权，① 而不起诉之弊害，是其一失也。前此日本亦尝受其弊害。

盖无为少数例外利益而不顾通当多数弊害之理，此便宜主义。虽为实地起见，亦不可采用者也。

以内治言，如国家当危急之秋，有人与国家有安危关系。若日俄战争之顷，日本之参谋本部或总理大臣苟犯殴打人之小罪，检察官必据实起诉，令（其）受裁判，使（其）不得办理军务，是内治之不便也。

以外交言，如外国有名游历官偶尔犯所在国轻征之罪，② 检察官必拘之。受裁判于国法上固正当，而国交上不免有伤感情，是外交之不便也。因内治外交而不起诉，是即便宜主义之一得。

然因此少数例外之情形，遽采用便宜主义则于通当多数之情形，③ 检察官可随时滥用职权应起诉而不起诉是，又其一失。故从实际上言，便宜主义利少而害多，要（之）不宜采用也。

前所述便宜主义之说，不可与检察官所有之事实认定权混视。便宜主义云者，谓虽有有罪之根据，而检察官尚有不起诉之权也。如检察官依搜查及预审，认其搜集之材遽为尚不足以之提起公诉，而决不起诉，固属其权限之内。但借口于材料未足故意决不起诉者，为不法，

---

① 长：助长。
② 游历：观光；轻征：特征轻微。
③ 遽：就、遂、仓促。

则更不待论耳。

【按】便宜主义与事实认定权不可相混。便宜主义则检察官有不起诉有罪人之权，是说于法理上与实地上均不当。若因搜集材料不足而不起诉，此事实认定权本检察官固有之权限。两者迥不相同，但借口材料不足而故意不起诉，是则为不法耳。

第四项　起诉之效力

提起公诉之后，则既诉状态（《日本民事诉讼法》用"权利拘束"字样之效力）。发生既诉状态之效力云者，指如下所列四种法律关系而言。

【按】因公诉审判厅与原告人官及被告人（合此三者总称为"诉讼主体"）之因成立诉讼关系，故审判厅与原告人官及被告人皆为诉讼主体。因此，诉讼主体而生诉讼关系，分四项说明于下：

第一，审判厅对于公诉，当加以结案之审判。兹所谓结案之审判者，如下所列五种之判决是也。

结案云者，使本案与审判厅脱离关系之审判也。申言之，结案审判即本案审判。本案审判与本案前之审判不同。本案前之审判经审判后，其案件仍系属于其审判厅不相分离。举例言之，如有一案于此审判厅以为非其管辖而下管辖错误之判决，是本案之判决，判决后其案件，即不属于其审判厅也。至审判厅对此案件下属于其管辖之判决，是本案前之判决。其案件仍归其办理也。此第一所言，乃由审判厅查案起诉之效力，① 分别案情而定结案之判决，如下列五种：

---

① 查案：调查案件。

【谦按】结案原文作终局，又按属于其管辖之判决，即如现在审判厅牌示之批准是也：①

其一，管辖错误之判决。不属于该厅之管辖，则定管辖错误之判决。

其二，得证明后，定罪之判决。既经证明有罪时，则定应用何种刑法之判决。

其三，不得证明时，无罪之判决。不能证明有罪时，则定无罪之判决。

其四，经确定审判时，刑罚废止时、刑罚全免时、经大赦时及时效经过之时免诉之判决。此数种均应定免诉之判决。解见前搜查处分之中止。②

其五，无亲告罪之告诉时、并注销时、公诉之提起不适法时、在既诉状态时其国无审判权时、属于特别审判衙门之审判权时及被告人死亡之时，不受理之判决。

【按】此数种，应定不受理之判决；公诉不适法，指不应提起而提起者；既诉状态，指已在他审判厅起诉之案言；属于特别审判衙门之审判，如海陆军及行政之事归海陆军审判及行政审判是也。

【谦按】不受理原文，作弃却公诉。③

---

① 牌示：张贴在布告牌上的文告。
② 解见：具体解释参见。
③ 弃却：放弃、不采纳、驳回。

第二，审判厅对于公诉所指定之人，当行审判。但自原告官对于一定之人提起公诉则审判厅当审判时，以适用不告不理之原则。对于未经起诉之人，不得行其审判。

【按】此言审判厅当对于何等人行其审判？惟对于公诉所指定之人方可行之。例如，检察官起诉指定某甲杀人，则只能审判某甲；若某乙杀人与否，检察官未尝起诉，不得审判之。此不告不理之原则也。

对此原则有一例外，如业经起诉案件在审理中发现未经起诉之共犯，且不及待检察官之起诉时。例如，在起诉后公判前受命推事当行其准备调查之际，发现共犯须径行审理，得临时径行审理之是也。此系例外，检察官虽未经起诉，审判厅可以审理之。

第三，审判厅关于公诉指定之事实，当行审判。至公诉未经指定之事实，不得审判者，亦不外适用不告不理之原则。

【按】此言审判厅当时于公诉所指定之事实行其审判，非公诉指定之事实不得审判。例如，提起公诉为杀人案件，审判官不能以其案件为非杀人案件而为窃盗案件。此即限于公诉所指定之事实也。

审判厅对于公诉所未指定之事实，不得审判。至关于审理之方针、事实之认定、法律之适用等，① 则不拘束于原告人官之意见。

审判厅对于公诉所未指实之事件，虽不得为审判，然审理之方针：一调查证据物，二调查证人，三命令鉴定人。审判官可不依此顺序审讯或再临检犯地，均可至于事实之认定。如认定其杀

---

① 方针：计划进行的一定趋向。

人或由于刀杀或由于殴打，审判官可自由认定。又法律之适用，审判官可自由拟用刑法某条，凡此皆自抒其意见，检察官不得干预。

盖刑事诉讼用职权审理主义，与民事诉讼不同。民事案件，如某甲告某乙借贷关系，①审判官只能定借贷与否之决，不能断其非借贷关系而为租赁关系也。

对于本款所谓原则亦有一例外，即在审理中发现被告人未经起诉之他罪时，不待检察官司之起诉，得径行处置。

审理中发现被告人未经起诉之别罪。如某甲杀人之后又在邻家窃物，因审理中发现其窃盗之罪，不待检察起诉可径行审理之；若因行窃而伤及事主，此则成强盗案件不能用此例外也。

第四，检察官不得自由注销公诉。若发现可主张管辖错误、无罪免诉、不应受理之理由时，当于公判之时，主张之受审判厅之判决。②

【按】检察官既提起公诉，不能由自己之意见取消。然检察官若发现有本款列记之理由，可以主张；若当于公判时，主张之听审判厅之裁决。

惟宜注意，若检察官非专主张被告人之有罪，即无罪之证据亦当主张之。

故检察官不但以调查犯罪为职务，并须为无罪之调查，不可不知也。

《日本改正刑事诉讼草案》第203条新设（规定）："第一审之辩论开始以前，得注销公诉之规定"是，或于实地有便利之处。

---

① 借贷：即贷借，指向他人借用财物。
② 受：接受。

前言检察官既提起公诉后，不得自由取消。然《日本改正刑事诉讼草案》规定："检察官于第一审未经开始口头辩论前，发现反对之证据可以注销之。"此实地上为便利起见，乃新设之规定也。

第四节　公诉之实行

公诉之实行者，对于审判厅实施使之完结公诉案件，所必要之诉讼行为之谓也。依第一审、控诉审、上告审等审级之异，其办法遂各不同；又有非常上告、抗告、再审、再诉及关于大理院专管案件等特种办法。

【按】前言公诉之提起，系使审判厅干预诉讼行为，即使审判厅与原告人、被告人三面受羁束之关系也。兹言公诉之实行，即使审判厅完结此案件之必要行为也。因审级不同，其办法亦因之而各异。分析言之如下：

第一项　第一审公判

凡行公判，除定数推事引续开庭审判外，① 检察官及审判厅书记亦须到庭。背此原则之审判，得依上诉请注销之。

第一，承审推事自始至终引续开庭，中间不更换他推事。至检察官与审判厅书记，则可以更换；惟不莅庭，则不可耳。

【谦按】不更换推事是为原则，如承审推事有不得已之原因

---

① 引续：持续。

时。例如，有疾病或死亡、丁忧以及其他原因，① 则当然更换也。

第二，被告人不到庭时，于原则上不行公判。

【按】被告人不到案除法律上许下缺席判决外，原则上不得行公判。

第三，被告人于公判庭不受身体之拘束，但得置看守人。

【按】被告人身体不自由，恐其意思亦不能自由发表；但全无管束，又恐有逃亡或暴动之虞。故可置看守人。惟被告人在公判庭上实鲜有逃亡及暴动之患。盖修公判庭时，被告人所处之地位早已布置周妥也。

第四，审理应处重刑之犯罪人（《日改刑诉》第259条，以死刑或无期刑为限）时，必置辩护人。辩护之宗旨，在谋被告人之利益，防御不法或不当之攻击；而无检举其不利益之义务，又同时不准曲庇被告人，② 自不待言。

【按】所谓应处重刑者，在日本定为死刑及无期徒刑。中国将来拟再推广至于一等有期徒刑。③ 审理重刑犯罪人必置辩护人，此谓强制辩护。

---

① 丁忧：根据儒家传统的孝道观念，朝廷官员在位期间，如若父母去世，则无论此人任何官何职，从得知丧事的那一天起，必须辞官回到祖籍，为父母守制27个月。

② 曲庇：曲意庇护、包庇。

③ 一等有期徒刑：第一等级的有期徒刑。

强制辩护者,非有辩护人到庭不得行公判。置辩护人之宗旨,以此等人富于阅历而又有学识可以辅助被告人。否则,原告人之检察官既深于法律上之学问又兼有诉讼上之阅历,且得指挥司法巡警以搜查证据,立于最强之地位。被告人往往知识不足,且无阅历不能对抗原告人。故置辩护人为之辅助。所以,使两造立于平等地位也。①

至辩护之要,不过使代被告人防御不法或不当之攻击。若有不利于被告人之证据,虽辩护人知之,亦无检举之义务,盖检举原告人官之事也。然亦不准曲庇被告人者。例如,有不利于被告人之证据,辩护人不得湮灭、破坏之有不利于被告人之证人,辩护人不得教唆之为伪证等是也。

第五,在下列情形,无辩护人之选任或到庭时,除以审判厅之职权外,检察官亦得移请选任:②①被告人系未成年时;②被告人系妇女时;③被告人系聋者或哑者时(以上数种人均知识不足,故必令置辩护人);④被告人系有心疾之疑者时(真有心疾则厅停止公判,惟其在疑似之间。故命置辩护人);⑤因被告案件之情节认为必要时。

【按】本号例如,检察官见被告人之势力实不能与己相争时,得移请选任辩护人。至被告人无论何时,得自行选任辩护人,固不待言。

第六,公判庭之开闭及维持法庭之秩序,俱属审判长之权限。

---

① 两造:诉讼中的原告人与被告人。
② 移请:改变请求。

【按】公判庭于原则上不可不公开之。公判庭内有审判官、检察（官）、书记（官）、被告人、证人、辩护人及公开时之旁听人，人数众多，不可无秩序。

维持此秩序之权，专属于审判长，即检察官之位有高于审判长者，①亦不得有此权。至公判庭原则上必公开者，取共见共闻，所以保审判之公平也。

第七，开庭审理之（次）序，如下：
其一，审判长对被告人，行足以考查其人有无错误之讯问。

【按】考查被告人有无错误系第一义，乃东西各国之所同。

其二，检察官发表被告案件之要旨是。即为口述辩论开始之时期。

【按】检察官发表被告案件之要旨。例如，言某日有某人犯某事，请审理之是也；是时并不举出证据及适用刑法某条，是为口述辩论开始之时期；其必定出此时期者，未经口述辩论以前，尚可取消。既经开始以后，即不能取消也。

其三，审判长就被告案件，讯问被告人。

【按】讯问被告案件，因检察官业以发表要旨故也。无论被告人供认与否，皆须调查证据。此与中国不同。

中国于被告人自行供认时，即不再加调查。外国惟例外，被告人受极少之罚金与最短之刑期，犯人供认后，可不再调查；若

---

① 即：即使、即便。

案情稍重，必加调查。盖犯人口供，不作为有力之证据也。

其四，此讯问既毕后，行调查证据。调查证据应一一分别行之，每一件之调查毕，问被告人之意见。

其五，被告人之讯问及证据之调查，由审判长行之。陪席推事及检察官白审判长后，[①] 得讯问被告人及证人。

【按】法庭上讯问被告人及证据之调查，由审判长一人行之；陪席推事及检察官必先白于审判长后，乃行讯问，以免纠纷。

其六，由检察官或被告人有新证据调查之请求时，审判官先决定其许否。

【按】此点所谓证据之决定。例如，检察官、被告人谓某人亦可为此案之证人。某地尚可供此案之调查。如斯之请求，审判官便当等先行停止公判，而为可否之决定。

其七，调查证据之后，由检察官关于事实及法律发抒其意见，[②] 是曰"检察官之论告"。[③]

【按】调查证据既毕，检察官乃发表意见。例如，因某种证据，信其为杀人或为强窃盗，此事实上之意见；又如，援引适用刑法某条，此为法律上之意见。

---

① 白：表白、申请。
② 发抒：表达、发表。
③ 论告：控告。

其八，被告人对于检察官之论告，得为答辩。论告与答辩得反复之，但最后必使被告人陈述。

【按】被告人与检察官可反复辩难，① 惟最后必使被告人陈述。此近今文明国之大原则也。

以最后不令被告人陈述即下判决，则被告人或有未能发表之意思故也。

其九，口述辩论以被告人最后之陈述为止，但有其必要时得再问之。

以上就第一审公判之顺序言；然上诉审公判之顺序，亦大略相同。

第八，第一审判决之种类如下：①管辖错误之判决；②科刑之判决；③无罪之判决；④免诉之判决；⑤不受理之判决。

【按】公判之判决，在独任制由推事一人为判决；在合议制，必经推事数人合议后乃行判决。

第二项　上诉通则

不服第一审之判决者，得赴直近上级审判厅提起控诉。②

【按】不服控诉之判决者，得赴直近上级审判厅提起上告，合控诉与上告，③ 而曰"通常上诉"。此处"控诉"二字，与中国解释不同。中国凡人民提起诉讼皆为"控诉"，意义甚广；日本则专指请求第二审之诉而言。

---

① 辩难：辩驳质难。
② 直近：最近、马上就到；控诉：上告。
③ 合：包括。

通常上诉者，在判决未确定以前之上诉也；对非常上诉而言，非常上诉乃判决确定后之上诉也。

第一，上诉由原告人、被告人均得提起。而检察官为被告人之利益起见，亦得提起上诉。

【按】检察为原告人官提起上诉，通常为被告人之不利益。然检察官为被告人之利益起见，如审判官处刑过重或不应用刑而用刑之类，亦可提起上诉也。

第二，上诉须于期限内提起，经过期限后所提起之上诉，不问其内容如何，均不受理。《日本改刑诉法》第314条（规定），控诉期间7日；第332条（规定），上告期间3日。但有特别之情节时，予以期间恢复之权。

【按】特别情节，如因天灾等事迟误，不能于上诉期限内提起上诉是；上诉亦有不定期限者。如于判决确定后而提起非常上诉是，俟后第五项说明之。

第三，上诉不可不由原审判厅提出之。

【按】上诉必由原审判厅提出者，以其于此案有关系之文卷皆可提出也。原审判厅不惟不能妨害人之上诉。凡文明国之判决（记）录，必有附注之文——凡对于本判决有不服者，若干日内，可以上诉。如不附此文，其判决可破毁之。①

---

① 破毁：破坏摧毁、撤销。

第四，上诉权不问在期间内、在上诉审理中，得由提起者抛弃之；抛弃上诉权于其时，原审之判罚确定。

【按】上诉权许其抛弃者，以上诉为提起者之利益。有上诉权之人，自愿能抛弃，固可听之也。

第三项　控诉

第一，控诉云者，求注销或变更第一审结案判决之全部或一部之上诉，经原审判厅提起于其直近上级审判厅者也。然由第一审之被告人提起之时，其被告人为控诉审之原告人，检察官立于被告人之地位；又由第一审之原告人官提起之时，第一审之被告人于控诉审亦为其被告人。

【按】检察官立于被告人地位，非检察官犯罪也。不过立于被攻击之地位，而为防御也。

控诉得对于第一审判决之事实点或法律点，[①] 并其全部或一部而提起之。有谓其性质，为第一审之复审或为第一审之续审者。为实际利害起见，宜采用续审主义而参酌复审主义之规定。

此控诉与上告区别之点：上告只能对于法律点提起，不能对于事实点提起；至控诉，则对于事实点、法律点皆可提起。例如，某甲于某日在某乙之家窃取其物当适用刑法某条控诉时，可证明某甲于某日未尝到某乙之家行窃。此即攻击事实点，谓其判决与事实不合。至上告审，则不相争事实点，专以法律点相争。如某犯适用刑法某条上告时，可主张不当适用其条是也。

就现今各国采用三审制度者言，事实之争至第二审为止，此

---

① 事实点：认定事实部分；法律点：适用法律部分。

通例也；控诉之性质，有谓为第一审之复审者，有谓为第一审之续审者，两者之别：复审乃将第一审之全部重行审理。如第一审证人四名控诉审时，须将四人全行复讯；续审则系补第一审全部之不足，不必全行复讯。但就其中可疑者再审之，或于四人外另传新证人讯问之亦可，惟有时亦兼有全部复审之事。故续审之性质于实地为便利时，宜参酌复审主义耳。

第二，（控诉）审理之序次，其大体与第一项所述无异。但第一审之被告人如为控诉之原告人，须先令陈述控诉之理由；如检察官为控诉，则须由检察官声明控诉之趣意。①

第三，其顺序与第一审无异。

第四，控诉审之判决，有下列六种：

其一，不受理之判决。

【按】提起控诉之办法违法之时，控诉理由不当之时，及被告人提起控诉而于公判日不到庭之时，定此判决。

其二，注销原判决予以相当之判决。

【按】控诉有其理由时，定此判决。

其三，送还案件于原审判厅之判决。

【按】由原审判厅所定之判决谓管辖错误或可以不受理者，而其判不当时，定此判决，使另行审判。

---

① 趣意：志趣意见。

其四，由控诉审判厅行第一审之判决时。

【按】原审判厅本无管辖权而定第一审判决，控诉审判厅以为不当，且本厅有管辖权时，采此办法。

本无管辖权指原审判厅言，如应归地方审判厅受理之案，初级审判厅误行受理而下判决，控诉到该管地方审判厅，自应另行第一审之判决也。

其五，转送案件于他管辖之第一审审判厅，是为（上述）第二点所述判决之一种。

【按】原审审判厅与控诉审判厅均无管辖权之时，自当送付于其他有管辖权者。

其六，检察官提起控诉公判之日，被告人不到庭时，不听被告人之辩论而定（缺席审判之）判决。

【按】此为例外，盖认被告人抛弃辩论权故也。

以通常论，凡下判决必经口头辩论。此则被告人因检察官控诉不利于己，而故不出庭审判，于此可下判决。所谓缺席判决也。

第四项　上告

第一，上告者，求注销或变更第二审判决违法之点之上诉也。事实点之不服，不得为上告之理由。

【按】上告起源于法国之破毁裁判，乃为统一解释法律所设之

制度也。破毁裁判，即西文 cassation 之意。故专论法律点，而不问事实点也。

第二，《日本改正刑诉草案》第 333 条（规定），在下列十种情形者，当然属于违法，可准上告：

【按】上告之标准，须于法律上列记之举。日本例如下：

其一，判事、检事、裁判所书记未到庭，而为审判时。

【按】推事不到庭本不能行审判。此指推事中前后有更换或员数有多寡而言。至检察官及书记同为审判上不可缺之员，一有不备，则缺审判之要素。故可为上告也。

其二，因法律被除职务之执行之判事，干预审判时。

【按】如推事与当事者中有亲族关系，不应干预审判而干预之，则所判决即为违法，当受上告。上告则原判决被破毁也。

其三，判事有偏颇之虞被忌避，[①] 既认其忌避之申请有理由而犹干预审判时。

【按】例如，审理中被告人请求传问某证人而推事不听，是显有不公之象；[②] 被告人申请推事忌避既有理由，推事仍行审判，则

---

① 忌避：因禁忌而回避。
② 象：现象。

其判决亦当受上告也。

其四，除土地管辖外，裁判所认其管辖或管辖错误而不当时。

【按】土地管辖错误不能为上告理由。此外，事务管辖、职务管辖有错悮时，皆可上告。

其五，裁判所受理或不受理（决定）而不当时。

【按】不当受理而受理，与不应不受理而不受理，皆可上告。

其六，除有法律特别之规定外，被告人不到庭而行审判时。

【按】法律特别规定，如前所述缺席审判，及因被告人在公庭有乱暴之举动受庭长之斥退是。① 除此之外，被告人不到庭而下判决，亦得为上告。

其七，照法律须置辩护人之事件，（辩护人）未到庭而为审判时。

【按】如死刑、无期徒刑等案应置辩护人，辩护人未到庭而竟为审理，亦得上告。

其八，除有法律特别之规定外，裁判所于受请求之事件不为判决，或于未受请求之事项而为判决时。

---

① 斥退：喝令退出。

【按】当为判决之事而不判决,与不当判决之事而下判决,皆可为上告之理由。

其九,违背关于公开审判之规定时。

【按】公开审判各国皆定之于宪法,于人民权利大有关系。除该案有关风俗或治安应秘密审讯外而不公开,可为上告。

其十,判决不附理由或其理由有龃龉时。①

【按】凡判决一案必附记其理由,如不附之或附之而有不合者,可以上告。

除此十种之外,凡法律上有可疑之点均可上告,非仅限于此十种也。

第三,提起上告,当呈出上告状。若在期间内不呈出上告状,则上告当受批驳之决定;②于上告状之外,得提出上告趣意扩张书;又被告人欲行辩论之时,原则上当以辩护人到场,上告审尤有关系焉。盖论战法律,非被告人所能为也。

【按】趣意书者,③提起上告之宗旨也。于一定之期间内不为提出其上告,可为不受理之决定。

又上告乃法律之争点,被告人未必能明法律。故非辩护人到场为之申辩不可。

---

① 龃龉:相互矛盾、不顺畅。
② 批驳:驳回、驳斥。
③ 趣意书:类似于现在的上诉书。

第四，上告审之判决有四种，于下：

其一，不受理之判决。

【按】提起上告之办法，系违法者。例如，上告状中不言上告理由及上告无正当理由者；例如，求事实点之注销时。

其二，更正原判之判决。

【按】上告有其理由时。

其三，用判决行拟律免诉及不受理之宣示。

【谦按】依原判决一定事实点而原判决拟律有错误时，或不当受理时。宣示原文，作言渡。①

其四，发还案件于原审判厅，或转送与原审判厅同等其他审判厅，及发还于第一审判厅之判决。

【谦按】发还原文作返送。

第五项　非常上告

非常上告者，于判决确定后发现其审判之违法时，由总检察长赴大理院求其更正之特别办法也。

《日本改正刑诉草案》第355条（规定）：非当上告，在判决确定

---

①　言渡：定谳、解释、释义。

之后行之，与通常上告不同。此种上告，惟总检察长有此权，请求大理院将其审判违法之点改正之，乃颁布于各级审判厅以为模范。①

第六项　抗告

抗告者，为求注销或变更审判厅之决定，提起于直近上级审判厅之上诉也。准许抗告之决定与不许之决定其区别，于诉讼法定之。

【按】审判之方式（有三）：一判决，二决定，三命令。

抗告乃对于不服决定之上诉也。审判厅之决定大抵为决诉讼之办法，而用之虽不尽于此，然大半焉。

例如，请求证人之传讯，审判官不附理由而批驳不准，即决定也；被告人可于上级审判厅请求取消其决定，即抗告也。

第七项　再审

再审者，日本现行法于有罪判决确定之后，发现其认定事实有重大错误时，为计被告人之利益准其提起之特别诉也。在《改正草案》中，于下之六种情形准其再审。

【按】再审一项日本现行法与《改正草案》不同。现行法专为被告人之利益准求再审，《改正草案》为被告人不利益亦准求再审。《（改正）草案》中所准再审之情形，如下：

其一，发现证据物系仿造时。
其二，发现证言、鉴定、翻译虚伪时。
其三，告诉人受诬蔑之处分时。

---

① 模范：样本。

其四，推事犯违法审判之罪时。如受贿之类（即职务上之罪，例如，受贿、曲庇或陷害等）。

其五，以前判决为无效判决，其后判决当受变更时。

【按】例如，判决某甲窃取某乙物品。此判决系因前有民事判决云，某物品系某乙之物品。因此，民事判决为基础，乃判决某甲实系窃取某乙之物品。然其后为刑事判决之基础受变更。即前之判决错误，其物品实非某乙之所有，则后之判决亦应受变更也。又如前此民事判决断定某甲与某乙为婚姻，以此判决为基础乃为某乙与人通奸，其人系奸有夫之妇之判决，其后发现前此婚姻之判决系属无效，而变更时则后之判决亦当变更也。

其六，发现可为无罪免诉、不受理、较轻处分之明确证据时。

【按】例如，先为某甲某日在某地杀人之判决，其后觅得他之证据，某甲某日实在他处。此为发现可为无罪之明确证据也。

前述其一、其二、其四之情形，及受无罪、免诉弃却公诉，并较轻处分者，自白其犯罪或较重之犯罪时，虽行再审于被告人有所不利，亦准之。

第八项 再诉

受免诉或不受理之决定后，所发现反对之证据时，限于一定情形准于原审判厅行再诉。

第九项 大理院专管案件

外国之立法例于国事犯等一定刑事案件，为大理院自第一审及终审之专管案件。

至其搜查，为总检察长之特别权限者亦多。在此情形，高等以下各级检察厅检察官及司法警察官，当受总检察长之指挥，各实施其权限内之职务。

第五节　裁判之执行

裁判有判决、决定、命令三种。又在判决，有刑之宣示及无罪免诉不受理等之宣示。此等各种裁判之执行，与检察官关系最深者，以刑之宣示判决由该管检察官执管是也。①

【按】裁判之执行，勿误解为刑（罚）之执行。盖裁判之执行有种种，包含一切审判；而刑之执行特其一耳，②且刑之执行，为有罪判决之一种；裁判之执行，实括有罪、无罪之判决执行而言。

若刑之执行不惟为裁判执行中之一小部，且为有罪裁判执行中之一部，盖有罪判决亦有不执行刑者。例如，判决某犯当监禁若干日，而因未判决时之拘留日期既久，足与判决后应监禁之日数相抵，而免除之者，是有罪之裁判，而无刑之执行也。

刑之执行中最重要者，自由刑之执行是也。自由刑者，依检察官之指挥，由司狱官（有时警察官）执行之。③

财产刑之执行，依检察官之指挥承发吏（日本曰"执达吏"）执行之。

---

① 执管：执行管理。
② 特：只；其：裁判之执行。
③ 司狱官：狱卒、狱警。

第三章
(检察)事务章程及监督

第一节 (检察)事务章程

《(法院)编制法修正草案》第九十八条曰:"凡检察官应从上官之命令。大理院审判第一审且终审诉讼案件,与该案有关系之检察官,应从总检察厅厅丞之命令。"

同(法)第九十九条曰:"凡各检察官于实施检察事务上,有不受特别许可而代理所属检察厅长官或监督检察官之权。"

同(法)第一百条曰:"凡各检察官,应得权宜代理所属检察厅检察官。"①

同(法)第一百零一条曰:"凡地方检察长、高等检察长及总检察厅丞,有亲身处理各管辖区域内检察官事务,及移各管辖区域内检察官之事务于别厅检察官之权。"

【按】以上四条,基于检察官为一体之原则,为得完全实施检察事务而设之便宜规定也。

同(法)第九十六条曰:"凡通高等以下各级检察厅之事务章程,由法部奏定颁行。"

---

① 权宜:适宜的措施。

【谦按】原文有会同总检察厅字样。总检察厅隶于法部本无会同奏事之实例，且检察厅以司法大臣为首长，（故）检察厅事务章程，司法大臣固不可不采择检察长官等之意而奏定，则仍由司法大臣行之为是。

各高等检察长据前次章程统一管辖内施行之，之要务及通饬各厅定开厅时刻。

总检察厅本厅及分厅事务章程，由总检察厅自定，惟实施前应申报法部。

同（法）第九十七条曰："凡各检察厅长官，遵前次所揭事务章程、其他训令，于各司法年度本应预定次司法年度之下列事宜：一所属检察厅、检察官厅应行检察事务之分定；[①] 二所属检察厅检察官之配置、初级检察厅检察事务之分定及检察官配置，由所属地方检察长行之。"

【按】中国未设一般检察厅事务章程，可参酌"日本明治二十四年（1891年）九月司法省训令第47号"第24—32条（规定）。

第二节　检察官之监督

《（法院）编制法草案》规定，凡关于检察官监督者，如下所列：

第一百六十一条（曰）："凡司法行政监督权之施行，区别如下：……第三，各直省提法使承法部堂官之命，监督本省审判厅及检察厅……第七，总检察厅厅丞监督该厅及各级检察厅；第八，高等检察长监督该厅及所属之下级检察厅；第九，地方检察长监督该厅及所属之初级检察厅；第十，初级检察厅监督检察官或检察官监督该厅之

---

① 分定：指定、确定、分布安排。

录事、书记生、承发吏及司法警察吏员。审判分厅分院及检察分厅如置监督推事及监督检察官，准于前数项之例由该推事或检察官行监督权。"

第一百六十二条（曰）："凡实施监督之权，如下：第一，官吏于本职有怠弛者，[①] 应警告之使勤慎其职务；第二，官吏于职外侵越者，[②] 应警告之循守其本分。"

第一百六十三条（曰）："凡审判厅及检察厅官吏，如有怠弛及越职等事屡戒不悛，[③] 或情节较重者，当用惩戒法处分之。"

第一百六十四条（曰）："凡前数条所列举之司法、行政职务及监督权，不得徇个人之请求而行。"[④]

---

① 怠弛：懈怠松弛。
② 侵越：越犯越界。
③ 悛：悔改。
④ 徇：徇私枉法。

第二编 关于民事法之部[1]

---

[1] 本编为"[日本]松冈义正口授,(歙县)徐谦鉴定,(三台)王枢笔述",并印在原书本编编名页上。

第一章 总 论
第二章 民事诉讼
第三章 非讼事件
附 言

第一章
总　论

第一节　检察制度之概略

检察制度发源于法国，罗马及德意志之法原无之此，通说也。

就法国言，检察官初为国王之代理者参与诉讼，以图国王之利益为其职务（西历14世纪）。而今则为国家之机关参与民刑事件，以图公益为其职务。

德意志及日本之检察制度，以法国检察制度为据；英国之检察制度，则显其固有之特色，与法国检察制度异。盖以国库之辩护士为检察官，于刑事使提起公诉，于民事使参与离婚之审判焉。

【按】研究检察制度者，当于法国法典及其历史中考求之。然亦须兼考罗马法及德意志古代法之所以无检察制度，苟能比较而参观之，① 则可以得其大凡矣。

夫处罚犯罪行为，不外三种主义：一因被害者之告诉而罚之，二因人民之告发而罚之，三因检察官之起诉而罚之。无检察制度之国，其处罚犯罪行为仅有前两种主义。如罗马、德意志是也。试就罗马法及德意志法，分言之。

---

① 参观：对照查看。

第一项　罗马法处罚犯

罗马法处罚犯（之）犯罪分三时期：

第一期，以国事犯为犯罪时代

凡犯罪者即系国事犯，盖当时并无公犯与私犯之分。若今日之犯罪一方为刑事上问题，如各种罚，则其又一方为民事上问题，如损害赔偿等。而此期之罗马法，则尚无此区别，故犯罪种类甚少。

所谓国事犯，仅如颠覆政府等类，遇有此事先由议会集议，然后以刑罚加之。此纯然关于政治上之犯罪者；若加害人民，则必俟被害者告诉而后处罚。

夫当时由议会集议处罚犯罪，实罗马立法司法行政不分之故，且犯罪之诉极少。故无须检察官之起诉也。

第二期，以国事犯及杀人罪为犯罪时代

逮至第二时期，乃于国事犯外又有杀人罪，即以国事犯及杀人罪为犯罪时代。此期犯罪之种类较第一期为多，因此不能用第一期之简单办法。故于议会之外另设委员，遇有犯罪者由委员调查明确报告于议会，而后由议会集议而处罚之。

第三期，国事犯及并能犯时代

迄第三时期，则犯罪之种类愈多，约分为国事犯及并能犯两种。普通犯者于杀人罪外，如关于身体、名誉、自由、财产等之加害行为皆是。此等犯罪仅恃前此委员之调查，亦形不足。故任被害者之告诉，而后由议会处罚；其告诉，则对于议会之常设委员行之。

综观以上沿革可知，罗马当日犯罪之种类前少而后多，其起诉之办法亦自不同。夫罗马议会当设之委员，即罗马裁判所之起源。惟其时审问犯罪既由于议会常设之委员，而告诉又以人民为断，则检察制度此时不见为必要也。

第二项　德意志法处罚犯

至德意志当酋族时代，^①其法分两种：一曰政府法，一曰人民法。

违背人民法者，由人民自行加以制裁。此加害者所受之制裁，即为共同部落全体之制裁。假如有人犯窃盗罪或害人生命者，由该处部落全体会议议定后乃以罚加之。惟执行之权仍归政府。盖议罚者人民（共同部落）之事，而执行者政府（国家）之力也。执行之机关即属于裁判所。故其时德国之裁判所乃执行裁判所，即执行法律而非裁判犯罪也。

厥后犯罪之种类日多，人民之判断势不可行，于是乃扩张裁判所之权，限变执行官署而为裁判官署。

在德国古代之制度，既以裁判所为执行官署，其检察事务实为当时裁判官之专职。其后虽变而为裁判官署而其执行自若也。故其时亦无检察制度之必要。

总之，前古之制度无论为罗马、为德意志，其制裁犯罪之根据不在被告人，即在人民；（故）不必再有检察制度，此其大较也。^②

第三项　检察制度发生

检察制度之发生，实始于学者间所称第二罗马之法国。

法国在西历 14 世纪时代初，以检察官为国王之代理人，使参与诉讼以图国王一身之利益，为其职务。不过为国王之腹心、爪牙而已，无所谓代表公益也。

及法国革命皇室势力消灭，前此为国王谋利益之检察官亦以中绝。^③其时关于犯罪行为一切告诉、告发仍由人民为之。此种状态觉

---

①　酋族：氏族。
②　大较：大概、大略、大体。
③　中绝：中止。

有妨害人民之业务，重以其时秩序扰乱，①犯罪日多。拿破仑熟察此情形，②知不可不设一定之机关，于是检察制度复因而萌蘖。③惟当时之检察官不但干预刑事，并干预民事及司法行政。盖此时仍本诸为国王代理之意，而为实行拿破仑意思之一种机关。故其权力甚大也。

迨拿破仑之势力衰，而检察官之权限亦因以缩小。其初实行拿破仑之意思者，乃变而为实行国家意思之机关，参与民刑事件，以图公益为其职务。而与前此办法，迥不同矣。

德意志及日本之检察制度，以法国法为根据。其所异者，不过检察官参与诉讼之范围不同。

而英国之检察制度，实质上与法国同，而形式上与法国异。英有所谓"总检察长"者，办理关于重大事件。其普通犯罪，以国库之辩护士主张，之参与刑事之时称曰"刑事诉追者"。至于民事则参与之时少，惟离婚之裁判得参与之。然亦须得总检察长之许可，其参与民事之时称曰"女王代理者"。此等手续皆为实质上之办法。如以形式论，则英国并非如法国之设有专官也。

北美合众国略与英同，有实质的检察制度、无形式的检察制度。

兹就各国通行之（检察）制度约可分为两种：一特设机关，以办理检察事务。如法、德、日本等是；一不特设机关，而以国库辩护士兼任检察之事务。如英、美等是。中国现在设立检察厅采用前一种制度，故本讲义于后一种制度则从略焉。

【谦按】英美制度近今亦特设有检察官，以志田博士所说为详。志田新自英美考察归来，其见闻较确学者宜参观焉。

---

① 重：加重，程度深。

② 拿破仑：即拿破仑·波拿巴（Napoléon Bonaparte，1769—1821年），即拿破仑一世，19世纪法国伟大的军事家、政治家，法兰西第一共和国的缔造者。

③ 萌蘖：萌芽、发芽。

第二节　检察制度之意义

检察厅因保护国家关于司法之利益，而设（公益保护）；与审判厅在同等地位，为独立之行政官署也；检察官，则为组织检察厅之行政官吏。分言之于下。

就检察意义言，欧洲大陆与英美不同，今专就欧洲大陆言之。

夫检察事务本属行政，而检察官与他项行政官不同者，乃关于司法之行政官。此其特色。盖司法上有三职：一审判官，二检察（官），三律师。三者各尽其职，始能达司法之目的。检察官既属三职之一，故称为"关于司法事务之行政官署"最为确当。

第一，检察厅乃与审判厅在同等地位，为独立之行政官署也。故检察官无被审判厅拘束其自由者（裁构6），①亦不得加于审判之评议。

【按】检察官不被审判厅拘束，其自由亦不得加于审判之评议，即审判、检察不得互相干涉独立之义更见。②

第二，国家之利益当由国家自主张之。故国家因此特设机关使主张公益之任务，即所谓检察厅是也（裁构6）。

【按】司法事务不尽与国家利益有关。然，如有关于国家之利益者，国家不能不主张之。但国家为无形体，不能自己主张利益。故特设检察机关以主张之。此与国家不能自行审判而特设审判机关以行使审判权，其法理一也。

---

① 裁构：即《日本裁判所构成法》之简称。
② 更见：更加明显。

第三，国家关于司法之利益涉于民事、刑事及司法行政事项（裁构26）。故检察厅于民事，则立于当事者之地位或仅发抒意见；于刑事，则为公诉之提起、实行及刑（罚）之执行、指挥；于司法行政事项，则为关于司法行政之指挥及监督机关。

【按】检察官如何参与民事、刑事及行政之指挥、监督，详（见）检察官权限中。

宜注意者，审判官惩戒、律师惩戒、捕获（审检谓战争之际，捕获敌国之物品，审理其是否禁制品可以捕获之谓也）惩戒，检察官亦得参与。

第三节　检察厅之组织

检察厅之组织与审判厅之组织同，分内部组织及外部组织。试略言之。

第一项　内部组织

检察厅者乃于司法为适当之共力官署，非为司法权行使之官署。此与审判厅相异之要点也。兹将此义分析之：

甲、检察厅组成

检察厅乃由检察官一人或数人，而成之一体独任制官署也。故于由检察官数人而成之检察厅，检察官从上官之命令行其职权，非检察厅之长官独行其职权。盖以其他之检察官为长官之代理者，而行其职务也。

检察厅有由一人组成者，有由数人组成者（两种）。无论为一人、数人组成，皆为一体独任制官署，此最宜注意者。例如，有检察厅于此以检察官一人组织之,又有审判厅于此亦以推事一人组织之,皆所谓独任制官署也。然审判厅不称一体而检察厅则称一体者,以检察厅之上有层层之监督,而审判厅则否。

且再就独任制之审判厅言之,^①其职务有本来之职务(裁判)与司法行政之职务二者。其司法行政职务固受上官之指挥命令,而其本来职务则不受上官之指挥命令也。至独任制之检察厅,亦有本来之职务(检察)与司法行政事务二者。其司法行政事务固受上官之命令,而其本来之职务(检察)亦受上官之指挥命令。此其异于审判厅者。故曰"一体独任制"也。

且即为数人组成之检察厅,如检察长之外有两人以上之检察官,似乎非独任制而为合议制矣。然在审判厅则设3人推事者,便为合议制官署。而在检察厅,则仍是独任制而非合议制也。

至检察官有数人时,此检察官与所组成之检察厅其关系如何?法国主义与德国主义解释,颇有不同。法国主义谓无论检察长及检察官均有代表检察厅之资格,此法国大多数之通说;而德国主义,则谓为检察长有代表检察厅之资格,其余检察官皆补助检察长而行其职务者。

《日本裁判所构成法》所采之主义甚不明了。然以作为采法国主义为当。因此,可断言曰:组织检察厅之检察官各于其权限内代表检察厅,非以检察厅之长官代表检察厅。故讲义云,由检察官数人而成之检察厅,检察官从上官之命令行其职权,非检察厅之长官独行检察厅之职权也。

【谦按】一体独任制,原文为"统一的单独制"。兹因单独与合议制,乃系对文。^②"合议制"不曰"合沓制",^③以其所重在"议"

---

① 且:尚、还,表示进一层。
② 对文:相对而言。
③ 合沓:重叠。

无"议"字，则不知"合"为何事也。然则"单独制"曰"单制"或曰"独制"，固皆不可通。即曰"单独制"，亦不知"单独"之意何所指也。盖"单独"者一人单独办事之意，既与合议制为对文，则应曰"独任制"，意义始觉明显。

【又按】原文用"统一"之意谓检察厅之独任制，虽系一人单独办事而应服从长官之命令，与审判厅之独任制不同。故加以"统一"字样以示区别，不知名词有通用、专用之别。"统一"乃通用名词，无论司法行政皆应统一，大理院解释法律所以谋法律之统一焉。

有审判而可以听其歧异，而不统一之理。推原"统一"之意殆与"统属"无异，① 自不如改用"检察厅同一体"，廉则以"一体"二字冠之，以示区别，较觉恰惬。②

乙、检察一体

各检察厅相合而成一体，其首长为司法大臣。故组织各检察厅之检察官于其权限内，代表成一体之国家检察厅。其权限内之行为与司法大臣之行为同视。

又各检察厅乃国家检察之一部因事务分配而设之官署，即所谓"检察官同一体"或"检察厅同一体"是也。

【按】"检察官同一体"与"检察厅不可分"之原则，法德二国相同。

所谓检察厅相合成一体而不可分者。譬如，有国家检察厅于此以司法大臣为首长，而总检察厅及高等以下各检察厅，皆为国

---

① 意殆：大概意思；统属：统领和隶属。
② 廉：断；较觉恰惬：感觉大概比较合适。

家检察厅之分支。分言之,有各级检察厅等名;合言之,只一个国家检察厅。犹之北京大清银行为总行,而各省大清银行皆为分行也。此等办法实为事务上便利起见。

故无论配置于何等审判厅之检察厅,从法理上观之,皆属于国家检察厅之职掌;而检察厅为国家代表之说,亦由此而明。因此,情形遂生结果如后:

第一,各检察厅之长官,有自办理其部下检察事务之职权;又有以其部下甲检察官所办事务,移使他检察官办理之职权;而检察官又互有代理之职权(裁构83)。

【按】此项,即由同一体与不可分之原则而来。与审判厅相反,对审判厅之长官不能有自办理其部下审判官事务之职权,更不能有以其部下甲审判所办事务移使他审判官辨理之职权,而审判官又不能有互相代理之职权。如有此种问题,皆必按照法律所规定办理。

而检察官关于此种事项,则可酌量为之。此因检察官之行动要使敏活,① 而审判官之行动则重在信守。故审判官代理之次序法律上有一定,而检察官代理之次序法律上并无一定也。

第二,检察官从上官之命令(裁构82),但违背上官之命令不过为内部之关系,仅生惩戒处分问题;对于外部绝无影响,因之无使审判之无效者。

【按】检察官须听从上官之命令,亦即同一体及不可分之结

---

① 敏活:敏捷灵活。

果。例如，有国事犯，于此检察官拟起诉，而司法大臣以为若起诉则于国家安宁秩序反有妨害，命之不起诉，则检察官即当服从，此以重大之事言。若细微之事，检察官拟起诉司法大臣命其不起诉，检察官亦应服从。夫微罪不起诉，乃日本五六年前某司法大臣所下之命令至为有名。以严守法律言之，似觉未合。然微罪起诉，于实行法律上或转生妨害。故微罪不起诉亦慎重适用，法律之一策也。

【谦按】检察官应服从司法大臣之命令固矣。然起诉、不起诉一惟司法大臣之命是听。司法大臣虽有徇私舞弊之处，亦不得不服从其命令。日本检察制度即有此弊学者，已有攻之者，要不可不有以救正之也。

第三，上官对于其部下之检察官，有为指挥及监督之职权（裁构134—141）。

【按】此项专就司法行政言之，检察官既为司法行政官，上官与下官之间自可指挥及监督。关于司法行政事务，审判官与检察官同各受其上官之指挥及监督，此皆从行政之性质上来。因行政事务必求统一，否则国家之目的不能达。此处之指挥及监督，即所以谋司法行政之统一也。

丙、检察官任免

检察官之任用资格，同于推事之任用资格。然检察官非由刑法之宣告或惩戒处分，只不能反其意而免职。非如推事之有法律上保障也（裁构80、73）。又检察官之惩戒，不据推事惩戒法。

【按】任用资格详（见）《法院编制法》。凡订有《（法院）编制法》(《裁判所构成法》)之国，检察官之任用资格皆与推事同。此因司法中有三职，即检察官、推事、律师是。

假使检察官之任用较逊于推事，必不能与推事、律师等鼎足而立。惟任用之资格与推事同，而法律上之保障则与推事异。

盖检察官非由刑法之宣告或惩戒处分，只不能反其意而免职。至如推事非特不能反其意而免职，并不能反其意而转官或减俸。此等办法实因两者注重之点各有不同。审判官重在公平信用，故不能随便迁转，①而法律上之保障厚；②检察官重在办事敏活，故可以任意迁转，而法律上无须保障。至推事之惩戒以法律规定之，检察官则不据推事之惩戒法，只照寻常行政官吏之惩戒。

此非重推事而轻检察官，③盖其性质之不同。如此，学者要不可误会也。

第二项　外部组织

外部组织即管辖，分为事务管辖及土地管辖。

甲、事务管辖

如配置于大理院之总检察厅，由总检察官办理其职务；配置于高等审判厅之检察厅，由高等检察官办理其职务；配置于地方审判厅之检察厅，由地方检察官办理其职务；配置于初级审判厅之检察厅，由初级检察官办理其职务（裁构2）。

乙、土地管辖

检察厅之土地管辖区域，同于被配置之审判厅之管辖区域（裁构

---

① 迁转：升迁转任。
② 厚：重视。
③ 重：重视；轻：轻视。

6）；而检察厅各就其所管区域内应办之事务，互为法律上之辅助与审判厅无异。

第四节　检察厅之权限

检察厅于司法为适当之共力官署，司法事项乃审判事项及司法行政事项。而审判事项，又分为民事及刑事。故检察厅之权限涉于民事、刑事及司法行政事项。

关于民事、刑事、司法行政之分学说颇多，兹所举不过学说中之一种而已。

第一项　民事权限

民事乃审判厅因维持私法之秩序适用私法，据法定手续而处分之事项也。不可与民事诉讼法及非讼事件手续法适用之范围同视。国家有于便宜上使就民事以外之事项，据民事诉讼法审判之者。例如，众议院议员当选诉讼是。

就民事言，检察官于审判有关公益时参与审判，提出审判厅所不知之诉讼材料，或发抒意见或立于当事者之地位而为诉讼（裁构6、民诉42，并参照《人诉非讼事件手续法》）。

【按】是否与民诉法中所谓当事者相同。换言之，即检察官自审判厅视之或自刑事被告人视之，是否为原告也。学者于此议论甚多。

第一，以检察官为非当事者说。检察官发抒意见，审判官据之以下判断。如检察官以前之意见有不合仍可提起不服之诉，在当事者则有不能。盖检察官为国家之机关，非当事者。故可以提起不服之诉也。

第二，以检察官为当事者说。无论民诉、刑诉必有利害相反之两造在。以民事言，所谓两造则为原告与被告；就刑事言，所谓两造则为检察官与被告人或称原告人官与被告人。故检察乃当事者。

就二说而衡论之主张，第一说者，不知检察官为代表公益。故近今之通说皆以检察官为当事者，至如辩护士主张坐位之说谓检察官如为当事者，则不能与审判官并列，则尤为无价值之论矣。

【谦按】发抒意见原作"陈述意见"，"陈述"二字颇觉未谛检察官对于审判官为独立，何所谓"陈"说明一己之意见，何所谓"述"？

第二项　刑事权限

刑事乃审判厅因维持刑法之秩序适用刑罚法，据法定手续而处分之事项也。

就刑事言，检察官为公诉提起及刑罚执行之机关而行其职务（裁构6，刑诉13、20）。

第三项　司法行政权限

司法行政事项乃国家因使司法权运用之便利，所为之行为。凡关于审判厅职员、设备、事务之分配，职务上之监督及审判庭（建筑物）设备之事项皆是。

司法行政之长官为司法大臣，大理院卿、高等审判厅丞、地方审判厅丞及初等审判厅监督推事；又总检察厅丞、高等检察长及地方检察长等，皆监督其下级官吏（裁构6、134以下）。

【按】此就日本司法行政上之监督论之。大约司法行政上实行监督之方法，有两大端：

一由司行政省招募大审院长及控诉院长及检察总长等官，每年一次。在司法省商定办法，①善者因之，不善者改之。其召集以地方裁判所长及检事正为止商定，由地方裁判所长、检事正等，分告所管辖之各区裁判所，以图司法上之统一，此监督之一法也。惟此等办法日本可行。中国幅员辽阔、交通不便，若必每年令各地推事长、检察长至京城会议一次，其烦费尚可言乎？

二由控诉院判事聚集会议，每年由检事长就该院所管辖区域内各项案件统计，经大理院之破弃者若干件，②未经大理院之破弃者若干件，一一报告该会，分别善与不善二者。其标准，即以破弃与否断控诉院判事会据之所请不善者，酌量而改正之，改正后由该会之决议次。再将决议之案件分送管辖区域内之各裁判所，以谋统一，此又监督之一方法也。

（另外，）按此项专指控诉院言之大审院亦有此办法，所谓统一全国之判决例也。但以判决例分送各裁判所后，只能供裁判所之参考，仍不得左右其意见。

此外，判事长、检事长等亦可将所属之判事、检事之判决等，区别善否报告于司法省，以求司法之改良焉。

第五节　检察权限之结论

民事分为诉讼事件及非讼事件（两种）。诉讼事件，乃审判厅据私权之确定及强制执行而保护私权之事件也；而民事法者，适用于诉讼事件及非讼事件之法规之全体也。故民事法与检察制度之关系，不外

---

① 司法省：日本法务省之前身。
② 破弃：破除抛弃。

关于民事诉讼之检察权限及关于非讼事件之检察权限。此所以于第二章论关于民事诉讼之检察制度、第三章论关于非讼事件之检察制度也。

【按】诉讼事件与非讼事件区别甚难，讲义所举诉讼事件之定义乃取众说中之最常（见）者；至非讼事件之定义，只须圄一"不"字即可。如云：非讼事件乃裁判所不据私权之确定及强制执行，而保护私权之事件也。此种分别，乃就形式上言之，其有判决之形式，有强制执行之形式而私权确定者是为诉讼事件。反此，无判决之形式，无强制执行之形式而私权亦受其保护者，即所谓非讼事件也。

第二章
民事诉讼

第一节　检察官之共力①

检察官关于民事诉讼之共力，出于法国之检察制度。分析言之如下：

检察官关于民事诉讼亦须共力。其共力之程度则法、德、日本各异。夫检察制度发源于法国，即谓此共力本诸法国之制度，②亦无不可。

第一项　法国检察官之共力

据法国之法律（规定）：

甲、检察官之地位

检察官于民事诉讼直接关于公益时（于公秩有利害关系时），③立于主当事者之地位，参与民事诉讼。例如，婚姻事件及禁治产事件是。

关于公益之时，由法律上定之欤，抑包括由检察官认为一切关于公秩之时欤。④法文之解释上虽有争议，然以后说为通说（"1810年7月20日法律"）。又此际国家实为主当事者，检察官不过为其代表而已，其参与民事诉讼之形式在立于诉讼当事者之地位。

---

① 共力：协同、合作。
② 诸：于。
③ 公秩：公共秩序。
④ 公秩：公共秩序。

【按】直接关于公益之时，其范围如何？此问题于检察官参与民事之权限，大有关系，如从前定。

又此际检察官代表国家为审判之着手者，或法律之番人（卫士）而参与民事诉讼，其参与民事诉讼之形式则意见之发抒或附带之申诉也。所谓"附带"云者，谓不过申诉意见而已。其为附带当事时，由检察官自行认定，非由法律所规定。此时检察官代表国家为审判之着手者或法律之番人着手者，看守之意。"番人者"，守卫之意。"番人"一语在法国最为有名，谓检察官严守法律也；"意见发抒""附带申诉"二语非有二义，"附带申诉"者，谓当事者陈述、检察官亦为之申诉。故曰"附带申诉"也。

总之，从法国言，民事诉讼之直接有关于公益者，检察官立于主当事者之地位，发抒意见；其间接有关于公益者，检察官立于附带当事者之地位，而发抒意见云。

乙、检察官为监督机关而监督审判厅，且报告其过失于司法大臣

检察官既监督裁判所，又可报告推事之过失于司法大臣。所以法国人形容检察官，以之为政府之耳目。①

夫以检察官为政府之耳目或为法律之番人，即可知法国检察官之权限矣。以理论言，实有未合。②假使检察官果有此权限，或将间接害司法之独立也。

【谦按】国家行政机关恒分为二：③一当该机关，一监督机关。盖当该机关所以行本来之职务，而监督机关所以防公私之弊端。

---

① 耳目：比喻辅佐或亲信之人。
② 未合：不符合。
③ 恒分：常分为。

行政如此，司法又何独不然？！

如谓司法官一受监督，即有害司法之独立，实未免误会司法。而无监督机关，其不通有二：① 如谓司法官之人格高，可以毋庸监督，岂司法官之人格尽高于行政官乎？其不通一；如谓司法官受监督则将仰承监督者之意，② 而审判因而不公，岂有监督者而审判反可不公、无监督者听审判官自由心断乃不得不公乎？其不通二。

要之监督机关为行政、司法所同具，而其形式及方法则有不同。此乃所以谋司法之独立也。何以言之？

行政之监督者为长官，有升降之权，有指挥之命令，有服从之义务；而司法则不然，其行政上之监督者同为长官，而司法官有法律之长官不能以（己）意为升降司法官，有于法律内自由心断之权，长官不得强使下（属）如何之判决，而司法官亦无服从之义务。中国旧法亦然，惟司法官本来之职务惟其独立，而无所忌惮也，③ 乃寄其监督机关于检察官。

检察官与审判官本为共力之人，而有监督之责，其作用相反而适相成。④ 至检察官之监督，不过攻击其审判之不公者而已。当其审判地检察官虽能发抒意见，而无强迫审判官采用之权；审判官虽能自由心断，而不能禁制检察官之上诉。⑤ 此等平等之监督无表现之形式，而有救正之作用。⑥ 此司法独立之制，设立监督之方法大异于行政者也。法国主义深得此旨，其实未可厚非。

近今多数意见，均不喜监督之名称。不知以政府之高达于极

---

① 通：通畅。
② 仰承：依靠、依赖、依仗。
③ 忌惮：顾忌。
④ 适：取向、归向；相成：相互成全。
⑤ 禁制：禁阻制约。
⑥ 救正：纠正、匡正。

点，^①而议院得而监督之，即人民亦得而监督之，此岂有些微职权上之关系耶？^②学者要不可偏信一种之学说，而不深长思之也。

第二项　德意志检察官之共力

据《德意志民事诉讼法》（规定）：一方面，检察官于婚姻无效事件、禁治产事件及死亡宣告取消事件，因维持公益代表国家为主当事者，而参与诉讼。

另一方面，检察官于其他之人事诉讼事件，即如亲子间之法律关系确定事件，因保护公益参与诉讼发抒意见（德民诉607、634、646、652、664、666、684、974）。

【按】然检察官并无监督，为民事审判之审判官之职权。此因皆使检察官有如此之监督权，则将影响民事审判独立。

第二节　检察官参与人事诉讼之范围

人事诉讼，乃关于婚姻事件、养子缘组事件、亲子关系事件、相续人废除事件、隐居事件、禁治产事件、准禁治产事件及失踪事件之诉讼之总称。^③但相续人废除事件及隐居事件与中国制度全然不同，故略之。

---

①　高达：高明通达。

②　微：细小。

③　养子缘组：子女收养；相续人：继承人；隐居：躲藏起来居住。而窃以为如下所述，参与涉及公益的法定人事诉讼是检方较早或固有的职权之一。因为，诸如婚姻、养子缘组、亲子关系、相续人废除、隐居、禁治产、准禁治产、失踪等法定人事诉讼事件，以及破产诉讼、诉讼上救助与法定民事、商事非讼事件关乎国家公益，故检方可作为参与者或当事者代表国家参与之。

第一项　婚姻事件

婚姻事件，乃以婚姻无效或取消离婚或夫妇同居为目的之诉讼事件之总称（人诉1，民778以下、813以下、789）。婚姻为社会生存上必要之制度，国家就关于婚姻之各诉讼有利害关系。故使检察官为国家之代表者，而参与婚姻事件。

【按】婚姻事件各国皆有之，而范围之大小不能一致。如何无效、如何取消、如何离婚？于民法内之亲族篇详规定之。

第一，婚姻无效。例如，甲男与乙女结婚，今乃误为丙女，其意思不一致，当然无效。日本婚姻之成立，必呈报于官署；如其呈报时有误，则此婚姻为无效也。

第二，婚姻取消。如未达婚姻之年龄而结婚者，其婚姻即可取消不使发生效力。

第三，至离婚一事，即解除婚姻之谓。必合乎法律上一定之条件，而后审判厅许其离婚。所谓条件，如妻受夫之侮辱或虐待是也。

第四，以夫妇同居为目的之诉讼云者，民法上规定夫妇有同居之义务。设夫妇间有不愿同居者，其一方可提起诉讼。

要之，婚姻为社会生存上必要之制度，其合法律与否，有流弊与否，于国家有重大之利害关系。因婚姻之基础强固，国家之基础亦因以强固。盖如此则佳子弟多，而各能强力于举间国家，实大有利益。故各国皆使检察官为国家之代表，参与婚姻事件，其参与之方法可分为二者说明之：一（为）发抒意见，二（为）当事者。其发抒意见时，即立于附带当事者之地位；其为当事者时，即立于主当事者之地位也。

【谦按】"生存"原作"生活"，兹因"生活"系中国俚语，其

意义不如"生存"之广，故改从"生存"字样。

甲、发抒意见

第一，检察官得于一切之婚姻事件，发抒意见；又得于受命推事或受托推事审问婚姻事件时，发抒意见（人诉5）。

此等意见之发抒，不过为检察官之职权。故不得仅因检察官不为发抒意见之（婚姻）事件，辄主张推事之审判为违法。①

然因不使检察官发抒意见，而不为通知辩论期日或审问期日于检察官，遽为审判，则于其审判（未）依检察官之共力，至见他之结果时，即得主张推事之审判为违法。例如，因不为通知，不知检官所知之事实，② 而所为之审判是也（人诉5，德民607）。

【按】受命推事者，如地方审判厅推事三人为合议制，遇有离婚案件，以为不过夫妇间一时之恶感情不必离婚，由审判长命推事一人调和。之此调和之者，即受命推事也。

至受托推事，则不在同一之审判厅。如地方审判厅为离婚事件欲召集证人，因该证人与某初级审判厅相近，乃托该初级审判厅之某推事讯问之，此推事即受托推事也。

检察官对于此等之意见发抒，不过为检察官之职权，而非职务。故不得因检察官未经发抒意见，而即以审判为违法。盖既云职权，则发抒意见与否为检察官之自由；若系职务，则非发抒意见不可也。惟检察官既本诸职权而为发抒意见，则审判厅必有使之预备之手续，即通知辩论日期或审问日期是也；苟不通知，即为违法。夫不通知各种日期于检察官，与不听从检察官之发抒意见不同：不听从，人为违法，而不通知各种期日，则有违法者、

---

① 辄：总是、就。
② 不知：不告知；知：知道、了解。

有不违法者。假使不通知之审判仍与通知者无异，则非违法；若不通知之审判显与通知以后之办法不同，则是不依检察官之共力而生出他之结果，即违法也。

第二，检察官因维持婚姻事件即使却下婚姻无效取消，① 及离婚之诉或因使为夫妇同居之判决，得以职权提出其所调查之事实及证据方法（人诉6）。

【按】检察官因维护婚姻事件，调查无效取消离婚之事实证据，而后审判官凭之以下判决也。

夫婚姻者国家之基础，检察官维持婚姻实以巩固国家之基础，惟人事关系较刑事关系尤为复杂。调查事件非检察官一人所能为，当令诸司法警察。司法警察报告之后，检察官尤当注意考查之诚，以民事事件其裁断较刑事为难。故检察官参与民事，亦较为烦难也。

乙、当事者

第一，检察官得为原告，以夫妇双方为被告，提起婚姻取消之诉（民780、人诉20，德民632）。

又于他人提起婚姻取消之诉时，亦得参与其事，而为婚姻取消或维持之申诉，以追有诉讼手续或为上诉；但夫妇之一方死亡后，不在此限（缺婚姻取消之必要）。

【按】检察官得为原告，以夫妇双方为被告，知甲乙之婚姻不正当，照法律规定应取消之。此种可以取消之婚姻，如使存在大有妨于公益。检察官为维持公益，可以以原告资格而提起婚姻取

---

① 却下：落下、不受理、不理睬。

消之诉也。

又所谓他人起诉，检察官亦得参与者。如甲对于乙丙夫妇间提起诉讼，两造就既备似无须再加入检察官。然使检察官不为当事者，将来结案以后检察官更发现有关公益之理由，而再行提起诉讼，如不免多费劳力、时间矣。惟使检察官同时亦为当事者，审判官判决时既可据原告甲之陈述，亦可据检察官之意见，将来可省许多手续。惟案定之后，检察官即经参与，设又发现有不服之理由亦可提起上诉。此缘检察官专重公益，一切事件均向公益而进行不为私见所束缚，即自己之意见有时亦不妨变更之，诚以公益之关系较私益不同也。① 至夫妇间一方死亡时，即无须再为取消，故云不在此限。盖以诉讼须谋实益故也。

第二，检察官于婚姻无效或取消之诉，有于应为彼造者死亡后而检察官代为彼造者。

夫婚姻无效或取消之诉，由夫妇之一方提起时，则其他一方为彼造；由第三者或检察官提起时，则夫妇双方为彼造；于夫妇一方所提起之诉彼造死亡时，于第三者所提起之诉彼造双方死亡时，皆以检察官为彼造。此因检察官于公益上为婚姻之保护者故也。（人诉2）

【按】所谓彼造者，即相手方。② 之谓婚姻无效或取消之诉，不外三种情形：或夫与妇互为相手方，或第三者以夫妇两人为相手方，或检察官以夫妇为相手方是也。

第一，夫与妇互相提起诉讼或夫妇之一方死亡，必以检察官为彼造，不使诉讼消灭者。盖夫妇间若有死亡，则起相续之问题

---

① 诚：实在。
② 相手：对手。

于权利、义务大有关系。①如夫死而妇离婚，则其夫之财产尤有重大关系。故必以检察官为彼造也。

第二，至第三者以夫妇两人为彼造者。如第三者之父有遗言，谓甲乙二人如为夫妇当予以千元之赠金，其后甲乙虽缔婚，而按之法律实非正式，当归无效。此际可由第三者提起无效之诉，其必对于夫妇两人，提起者因婚姻未成立而（主张赠金）无效，取消（之诉）于二人均有关系也。此际如夫妇双方死亡，则以检察官代为彼造；如仅一人死亡，则诉讼仍可进行，不必由检察官代理矣。

第三，其必以检察官为彼造，则因检察官当维持公益，而婚姻尤当注重。然此以被告之死亡者言之，假使原告死亡则当由审判厅选择辩护士代为原告，其必以辩护士为之者。盖以其有相当之学识实为原告之利益起见也。若夫检察官起诉，而夫妇均已死亡时，将使诉讼消灭耶？抑使辩护士代理耶？从理论言，以使诉讼消灭为当，可不待详言之也。

第二项　养子缘组事件

养子缘组事件，乃以养子缘组之无效或取消或离缘为目的之诉讼事件之总称（民851以下、862以下）。

养子缘组为社会生存上必要之制度，国家就关于养子缘组之各诉讼有利害关系，故使检察官参与关于缘组之各诉讼。而其大要与婚姻事件无异，但检察官不得提起养子缘组取消之诉（人诉12、62、356）。

【按】养子者，谓养他人之子因法律上之拟制作为自己之子也；因养子所生出之事件，即养子缘组事件。

---

① 相续：继承。

第一，此等事件何由而起？最初为祖先之祭祀起见，又其继为财产之付托起见。

上古时代，惟家长得有财产，后世则无论何人皆得有之。然无相续之人财产，亦当归诸国库。因此，而养子缘组之事亦随之而起。

自此以外，出于慈善者有之，出于慰藉者有之。出于慈善者，例如，抚养无父之子；出于慰藉者，谓年老无子抚养，他人子以慰岑寂也。① 是故养子缘组约言之，② 不外三种起源：一祭祀相续，二家名相续，三财产相续；而此外更有为慈善起见或慰藉起见者。

第二，欧洲各国之养子多为慰藉起见，日本之养子多为家名相续起见，中国亦有养子其主义当与日本同。

第三，养子缘组事件分为三种，即无效、取消、离缘是也。无效者，例如，因人之错误。如本以甲为养子，今误而为乙，即可生无效之问题；取消者，谓凡为养亲之人必以成年者，③ 如以未成年者为养亲，即以他人之子为子是，即可以取消者；离缘者，谓养亲养子间虽已生有（收养）关系，如其后养亲虐待其子或养子不敬其亲，即可解除其关系也。

第四，此等养子缘组事件为社会生存上必要之制度，与婚姻同。故国家使检察官参与之。

然则养子缘组事件当与婚姻事件并重，而日本则有不同。关于婚姻事件，检察官可以自为当事者而提起诉讼；关于养子缘组事件，检察官不能自为当事者而提起诉讼。夫婚姻事件检察官得提起诉讼，乃指婚姻取消之诉而言；至婚姻无效或离婚之诉讼，检察官不能为当事者而提起之。而养子缘组事件，无论取消、无

---

① 慰：慰藉；岑寂：冷清寂寞。
② 约言：确定地说。
③ 养亲：收养。

效、离缘之事皆不能提起之是。检察官于养子事件，始终无当事人之时也。终则养子个尽其得失，如无实为现今之大问题。

夫养子养亲之关系略与父子同。然究出于法律上之拟制，而非真父子可比。故养亲养子间往往生出恶感情。近日各国因有不认养子缘组制度者，惟其如此。

故检察官极当斟酌，遇有此案须详察其能达养子之目的否；如不能达养子之目的，则检察官不可不发抒意见也。

第三项　亲子关系事件

亲子关系事件，凡以子之否认或认知，其认知无效或取消为目的之诉讼事件，以定父为目的之诉讼事件（民821），及以亲权或财产管理权之丧失或失权取消为目的之诉讼事件皆是（民822以下、827以下、896以下，人诉27、31）。

【按】亲子关系，于社会生存有密切关系，因之国家就关于亲子关系之各诉讼有利害关系。故使检察官参与亲子关系之各诉讼。

第一，亲子关系事件其详规定于民法。就其沿革之变迁言之，则亲子关系乃由财产关系，而进于身份关系也。①

上古时代，②妇为夫之财产，子为父之财产；父可处分其子，夫可处分其妻，戮之、杀之亦无不可比。及中古家族制度，③与夫妇、父子各得有家族之身份。然其时尚未有父子、夫妇之殊异。④自后世行个人制度，父子、夫妇身份乃更有不同。然可以"由财

---

① 进：发展。
② 上古：远古时代，秦、汉或3世纪以前。
③ 中古：即3—9世纪。
④ 殊异：差异极大。

产关系，(而)进于身份关系"一语，括之日本现制兼用。① 家族主义及个人主义为父子、夫妇，遂因是有两种身份。申言之，一面为家族身份，一面为父子夫妇之身份是也。

第二，亲子关系有种种，所谓以子之否认或认知为目的之诉讼事件。如于婚姻以后两百日以前所生之子，为夫者得否认为己子认知者。例如，父或母认私生子为己子是。

私生子者，谓父与母非因正式之婚姻而生者。此私生子可互相认知，父母可认其子，子亦可认其父母；认知以后，私生子即成为庶子。② 否则，仍为私生子。因私生子之待遇薄而暴弃者，③ 多于社会大有妨碍。故国家设出认知制度，乃为社会政策起见也。认知以后，即无问题发生。若至于否认，则亦有提起诉讼之时者认知无效或取消。例如，其父或母有精神病时，而认知者其认知无效；由暴行、协迫而认知者，其认知可以取消。

至于以定父为目的之诉讼事件，例如，因夫死或离婚而改嫁，如两百日内生有子女时，此子女将属前夫乎抑至夫乎？此即诉讼之所由起也。法律上为杜绝其弊起见，明文规定，凡妇女于离婚以后，必须经过六个月始能转嫁。如遵此规定自无此问题，惟不遵此规定而再婚，故生于此种问题也。

第三，亲权者，谓合监督其子及管理其子之财产权而成。此规定由性情而来。④ 盖监督、管理其子实以父为至当，⑤ 此乃以常情言之。若其父品行不良或别有其他事由者，亲权丧失之问题亦因之以起。

---

① 括：包括；兼用：还在用。
② 庶子：嫡子以外的众子或妾所生的儿子。
③ 待遇：境遇；薄：低微；暴弃：自暴自弃。
④ 性情：感情性格。
⑤ 至当：极其恰当。

然如上所述亲权，统监督权及管理权而言，① 而兹又将管理权别为一项者，实指丧失亲权一部分言之。如为父者虽有品行，然无管理其子之财产之适当能力是。虽丧失管理财产之权，而其监督权固在也。

第四，失权取消。② 例如，前因无管理财产之能力而丧失管理权后，因其有适当之管理能力，复令之得有管理权是，即取消其失权也。

以上所言种种为目的之诉讼事件，皆谓之亲子关系事件。亲子关系于社会生存有密切之关系，假令社会上所现在之亲子关系，不尽如法律上所预期之亲生关系，于家之基础妨碍实非浅鲜。③ 故国家于以上各种诉讼，均使检察官参与之也。

甲、发抒意见

第一，检察官得于亲子关系事件之辩论，或审问期目莅庭发抒意见（参照婚姻事件之说明，人诉39、5）。

第二，检察官得提起其所调查之事实及证据方法（人诉37）。

乙、当事者

第一，检察官得以有亲子关系之父或母为彼造，而提起以亲权或财产管理权丧失为目的之诉（民896、897，人诉39、21—23）。

第二，检察官得于以定父为目的之诉之彼造死亡后为其诉之彼造（人诉39，参照婚姻事件之说明）。

第四项　禁治产事件

禁治产事件，乃关于禁治产宣告及其取消之诉讼事件之总称也

---

① 统：包括、总起来。
② 失权：丧失权力。
③ 浅鲜：微薄、不大。

（民7，人诉40以下）。禁治产事件乃限制在心神丧失常况之人之行为能力，①而保护之事件也，于国家之利害有重大之关系，故国家使检察官参与禁治产事件焉。

【按】禁治产云者，乃陷于精神丧失常况之自然人，法律上须限制其行为能力而保护之谓也。心神丧失常况，即自然人因其精神之障碍，无辨识自己行为必要之知能之继续状态。②

夫人既无辨识自己行为必要之知能，则其所为之法律行为在法律上当然无效。故国家设禁治产制度，使检察官对于心神丧失常况之自然人，申请审判厅为禁治产之宣告，且公示之俾众周知，③以维持公益焉。盖一面于有心神丧失常况之自然人作为限定无能力者，而保护其利益；一面又使第三者不受不测之损害，而保护取引之安全也。

夫心神丧失常况，为禁治产宣告之原因。若心神丧失常况已消灭而禁治产之效力仍使引续，④则害及无禁治产原因之人之利益，而于社会亦无利益。故国家又赋予检察官有取消禁治产之申请权，以使全其任务。盖禁治产原因之有无，于国家之利害皆有关系。所由使检察官始终参与其事也。

此处有应注意者，为禁治产事件之性质：有学者以主张为非讼事件。而非讼事件者，盖以禁治产不过为应否定后见人为目的（后见人乃为禁治产者之利益起见，所设之机关）。如宣告禁治产则置后见人不宣告，则不置后见人是。全无私权确定及强制执行之意，不能谓为诉讼事件也。

---

① 常况：正常状况。
② 知能：智慧才能。
③ 俾众周知：让大家都知道、了解。
④ 引续：继续。

又有主张为诉讼事件,而非非讼事件者则云。就性质言,禁治产固无所谓私权确定强制执行。然究以用诉讼之手续办理之为便,则禁治产又可为诉讼事件也。

两种议论皆偏于极端,而折衷说。以起折衷说者谓禁治产一半属非讼事件一半属诉讼事件,其未决定禁治产之前,为非讼事件;决定以后,既经宣告,如有不服之申诉,则不能不用诉讼之形式是,由非讼事件而变为诉讼事件也。

关于禁治产事件之性质不外上述三种议论,而松冈之意则以作为非讼事件为宜。若"诉讼"二字之定义要系私权确定及强制执行禁治产,无所谓私权确定及强制执行,则只可谓之为非讼事件,不能谓用诉讼之形式即为诉讼事件也。

甲、发抒意见

第一,检察官得于期日莅庭发抒意见(人诉455)(参照婚姻事件之说明)。

【谦按】"莅庭"原作"到场",现因凡诉讼由检察官参与者,审讯时均须检察官莅庭。故改用"莅庭"字样。

第二,检察官得提出其所调查之事实及证据方法(人诉60)。

乙、当事者

第一,检察官得为禁治产之移知(民7);[①] 又于他人为禁治产之申诉时,得参与其事件,为之移知以助手续之进行(人诉45、54);终结禁治产手续之决定,审判厅以职权送达于申诉人或检察官(非为申诉人时)(人诉51),此因禁治产手续并不公行(人诉44),故无宣告

---

① 移知:移文通知。

之必要；又检察官不问其为禁治产宣告之申诉之与否，而皆送达之者则因检察官，如后所述得以移知不服也。

【按】检察官得为禁治产之移知，乃现今各国之通则。其参与事件办法实与婚姻事件同，送达于申诉人或检察官云云。盖指检察官非申诉人。进言之，检察官如为申诉人，则更当送达也。禁治产既不公行，故送达自不可少检察官，不论申诉与否，如有不服，均可移知。故无论如何，审判厅均当依送达之方法送达之。此亦禁治产独有之办法。送达云者，谓由审判厅以真本交之执达吏，而由执达吏送达之也。

移知原作申诉，中国向用文移来往无所谓申诉形式，故改用"移知"字样。

第二，官对于禁治产宣告之审判，自其决定生效力之日为始，得于一月之期间内，以禁治产者之法定代理人为彼造，而以诉为不服之移知（人诉52、55、57）。此出于使为郑重审理之法意也。

又对于禁治产申诉却下之审判，自判决送达之日为始，得于七日之不变期间内，以即时抗告移知不服（人诉54），此出于使终结迅速之法意也。

【按】（上述）二项应注意者，禁治产之决定与普通事件不同。普通事件之决定，以抗告移知；不服禁治产之决定，以诉移知；不服至抗告与诉之区别，如用抗告之形式不必要有认为诉状之文书，用诉之形式则非用诉状不可；又为抗告时不必经过口头辩论，而为判决至诉则非经过口头辩论不能不判决。此二者相异之点。盖用诉者出于郑重审理之法意，用抗告者出于终结迅速之法意也。

第三，禁治产之原因已终时，得申请禁治产宣告之取消（人诉63）。检察官对于取消禁治产宣告之决定，得以即时抗告、移知不服（人诉65）；又对于禁治产取消申诉却下之决定，得以禁治产者之法定代理人为彼造，而以诉移知不服（人诉65、66）。但出于形式上之原因，如因审判厅管辖错误而却下禁治产取消申诉之审判，仅得以抗告移知不服而已（民诉455）。

【按】总之，禁治产事件有时用诉之方式，有时用抗告之方式。盖以一在郑重，一在迅速也。办法不同，性质亦可概见。

夫寻常事件有控诉、上告、抗告三者，而禁治产事件抗告之外多有一诉，因诉而判决。又因判决而生有控诉及上告是。较寻常事件多一层办法。寻常事件对于判决不服即可控诉或上告，而治产事件则于判决有不服者，必再用诉移知不服，对于不服之诉之判决，始可为控诉或上告也。

第五项　准禁治产事件

准禁治产事件，乃关于准禁治产宣告及其取消之诉讼事件之总称也（民11—13）。准禁治产事件乃限制心神耗弱者、聋者、哑者、盲者及浪费者之行为能力，①而保护其利益之事件也。于公益上颇有重大之关系，故国家使检察官参与准禁治产事件，其方法类于禁治产事件（人诉67、68）。

【按】精神不健全之程度，自有强弱之区别：陷于心神丧失常况者，乃强度之精神不健全者；因老衰、疾病不具等之事由，不具辨识自己行为之利害之十分智能者，则弱度之精神不健全者也。

---

① 浪费：没有节制，无益的耗费。

弱度之精神不健全者，不得完全保护自己之利益。若法律上不为适当之保护，则将害自己及家族之利益，而间接又害国家之利益。故现今各国皆设保护之法。

日本民法因保护心神耗弱者、聋者、哑者、盲者及浪费者之利益，故特设准禁治产之制度，而付于保佐人焉。其详规定于民法。

准禁治产事件亦与禁治产事件同有关公益，故国家使检察官参与之。其参与之方法有二：一发抒意见，二为当事者是也。

关于准禁治产事件如有特别规定时，则照特别之规定；若无特别规定，可准用禁治产事件之规定也。

第六项　失踪事件

失踪事件，乃关于失踪宣告及其取消之诉讼事件之总称也（民30以下）。失踪乃于法定年间生死不分明之不在者，因审判上之宣告视为死亡者之状态。故其宣告及取消与人之生死同，为重大之事项，事关公益。国家因使检察官参与失踪之事件焉。

【按】生死不分明之不在者，其财产上及亲权上之法律关系在于不确定之状态，故以确定之，为必要不确定之法律状态。如永续时，[①]则既害相续人及其他利害关系人之利益，又害国家之利益。故近世各国设除去此等不确定法律状态之制度，即宣告失踪是。

第一，失踪云者，乃不在者于法定期间生死不分明时，因审判上之宣告而被视为死亡者之状态也。此种事件与人之生死同关于公益，故国家使检察官参与之。

---

① 永续：持久持续。

第二，夫欲知检察官关于失踪事件如何办法，当先知失踪宣告之手续。其手续初由利害关系人申请，审判厅因其申请加以调查，如以宣告失踪之申请为不正当，可以决定却下之；如以为正当，则当行公示催告之办法。

第三，其办法约有四：一表示申请人之姓名；二戒示谓公示催告后，[①]设生死不分明者尚有踪迹，可速来呈报；三告示不论何人如有知不在者之踪迹者，皆得向审判厅呈报之，以免其人之失踪宣告；四即失踪宣告之期日已到此期日，而无不在者本人之呈报，及他人知不在者踪迹之呈报，或有呈报而不实，则审判厅下判决而宣告失踪。

第四，对此判决不服时，以诉之形式申诉。①不服申诉之原因甚多，有规定于民诉法者，如应回避之审判官而下判决。②不服者为利害关系人，此时以申请宣告失踪者为彼造；申诉不服以自有宣告判决之日为始，以一个月为期间是也。③有规定于民法者，如被宣告者现实存在，申诉不服之人为本人及关系人相手方，仍以申请宣告者为之申诉不服；如以生存为理由，不拘何时，皆可申诉。④申诉不服之后，对于不服之申诉所下之判决，仍可为上诉。此等办法欧、日皆同，而检察官参与时亦适用之也。

甲、发抒意见

检察官得就失踪之宣告或其取消之申诉，发抒其意见，且得于期日莅庭。故应以事件及期日通知检察官（人诉74、45）。

乙、当事者

检察官无申请失踪宣告之职权，此因检察官惟为保护不在者之利益计；而参与失踪事件不必使为失踪宣告之申诉，以不利于不在者也（民60）。

---

① 戒：通"诫"，告诫。

又无提起失踪宣告取消之诉之职权。盖失踪宣告之取消,以关于失踪者及利害关系人之利害为主故也。然对于失踪宣告之判决,自利害关系人提起取消之诉时,若为彼造之;失踪宣告申请人死亡,则此后以检察官为彼造(人诉7、52,参照婚姻事件)。

【按】利害关系人提起取消之诉,此时以申请宣告失踪人为彼造;若申请人死亡,则以检察官代为彼造是。

检察官关于失踪事件,亦可居于当事者之地位矣;若此时提起取消宣告失踪之诉之人死亡时,应照婚姻事件之办法,由审判厅选任辩护士为原告也。

第三节 检察官参与破产诉讼之方法

破产诉讼乃以债务者所有之一切财产,使其各债权者得平均偿还之诉讼。

受破产宣告之债务者,即破产者被停止行使以名誉与信用为基本之公权及私权,[①]所谓对于破产者身上之效力是也。对于破产者身上之(公权及私权)效力,若始终(于)破产者之身而不消灭,则于社会政策上不得其当。故日本及法国法系诸国之破产法,无不设消灭对于破产者身上之效力之方法,即所谓"复权"是也。复权之许否关于公益,故国家使检察官参与申请复权之审判手续,以发抒其意见(商10、56)。

---

① 公权:与私权相对,指公法上所有权利的总称,如自由权、参政权、请求国家行为权等;私权:与公权相对,指私法上所有权利的总称,如财产权(物权、债权、继承权、知识产权中的物质收益权)、人身权(人格权、身份权等)等。

【按】破产之目的，在使各债权者得平均之希望；破产之本质，在使分配主义之实行，其使各债权者得平均之希望，即以金钱之希望为目的。

其供平均希望之用者，乃为推测不足偿还各债务者之财产，即所谓破产财团是。受破产宣告之债务者，即破产者对于破产者之债权者为破产，债权者以与他债权者、债务者相区别。

夫破产者停止身上之效力，其范围各国不同。据大概言，既受破产之宣告不能为官吏；在立宪国有议会者，不能为议员。

总之，凡以名誉或信用为基本之事，皆不能为之是。就外国言，不受破产宣告则已既受宣告，则制裁为甚烈焉。使对于破产者身上之效力，终不消减。则就破产者一面言，终身丧失一切权利；而就社会一面言，则此破产者不能在社会上尚有人格，于社会政策亦大有妨碍。故日本及法国法系之诸国，皆有复权之办法，以消灭对于破产者身上之效力。

复权之许否，关于公益。故国家亦使检察官参与申请复权之审判手续，以发抒其意见也。

第四节　检察官参与诉讼上之救助

诉讼上之救助，乃因当事者呈缴诉讼费用，致有害其一身及其家族之生存时，则为保护其利益计，准此当事者暂时缓缴诉讼费用或全予豁免之手续也。其事关于公益，故国家使检察官参与诉讼上救助之手续。例如，检察官于诉讼上救助之审判前，发抒其意见，或对于诉讼上救助之决定而为抗告是也（民诉101、102）。

【按】诉讼救助之手续，于公益大有关系。假如有赤贫之人不能出一切诉讼费用，而确有应主张之权利时，若因无力缴纳致权利亦不能主张，岂保护真正权利者之道。故各国设此种救助之办法，亦由检察官参与之。

例如，检察官于申请诉讼上救助之审判前发抒其意见，或对于诉讼上之救助之决定而为抗告是也。

欧洲各国其相沿殆非一日，惟办法亦分两种：有全行豁免、有暂行缓缴者。日、德、法诸国均用暂缓之法，惟此种手续虽可保护贫人，实亦不可轻许检察官之参与，实以此也。

第三章
非讼事件

第一节 检察官之共力

检察官就非讼事件而为共力,乃日本、法国及德意志检察制度之所同;然其范围,则各国不同。

就德意志言,检察官共力范围最狭;就法国言,其范围最广;而日本则介于德、法之间,虽关于非讼事件之法令颇多(《非讼事件手续法》《户籍法》《不动产登记法》《船舶登记规则》《竞卖法》等),而其根本皆在于民法或商法。故以分非讼事件为民事非讼事件及商事非讼事件为通例,兹据日本之法律,略述非讼事件与检察官之关系。

【按】共力云者与前章同。要言之,共力者非使检察官得干预审判,乃借检察官之力,使审判得良善而公平也。此点最宜注意。

第二节 检察官参与民事非讼事件之方法

民事非讼事件,乃规定于民法之非讼事件。其审判不仅系于一私人之利害,而关于国家之利益。故国家使检察官参与之。

第一项 发抒意见

检察官,得就民事非讼事件发抒意见,又得于审问时莅庭(非讼 15）。

例如，法人缺理事时，且因迟滞而虑有损害时，[①] 利害关系人（即如债权者等）申请假理事之选任，[②] 则检察官参与其事而发抒意见是也（民 56）。

【按】法人者，不可一日无其机关；[③] 机关者何？理事是也。使法人缺理事时，[④] 即当另选。

然必用种种正当之手续，当其手续示完法人仍无理事，此时如久不选定，则不免迟滞；有迟滞，则不免损害。故此时债权者可申请假理事之选任，则检察官得参与其事而发抒意见也。

第二项　当事者

检察官对于审判厅有移请，关于民事非讼事件之审判者。例如，法人与理事之利益相反时，理事无代表权，故检察官对于审判厅移请特别代理人之选任（民 56、57）。

又不在者不置财产管理人时，检察官对于审判厅移请为关于其财产管理所必要之处分之审判是也（民 25）。

【按】所谓法人与理事利益相反者。例如，法人对于理事为某土地之买卖，理事若为法人卖之，则于理事自己之利益有碍。斯时如有争议理事，即无代表权当选特别代理人；特别代理人者，专就某事件而设之代理人也。

又不在者不置财产管理人时。所谓不在者与失踪者异其性质。

---

① 迟滞：停止不动。
② 假：假设、假使。
③ 机关：中枢、首脑。
④ 使：假使。

失踪者因法律上一定期间生死不分明，故依审判上之宣告而视为死亡者之不在者也；不在者，即去从来住所或居所之人。其遗留之财产不可不适当管理之也。不然则其财产散失、损败，既害不在者本人及其他利害关系人之利益，而间接又害国家之利益。故各国皆设关于管理不在者财产之法则，而使检察官参与之。

以上所述大都定于民法中，而不属于非讼事件特别法之规定。盖特别法乃详细之，手续一切大概实皆在民法中也。是故定非讼事件者，仍当求诸民法或商法。

第三节　检察官参与商事非讼事件之方法

商事非讼事件乃规定于商法之非讼事件，其审判关于公益，故国家使检察官参与之。

第一项　发抒意见

检察官，得就商事非讼事件发抒意见，又得于审问时莅庭。例如，审判厅对于本非会社，而于商号中用可示其为会社之文字之商人，处五圆以上五十圆以下之过料时，则检察官参与之而发抒意见是也（商18第2项、207）。

【按】会社之活动，于经济界上之金融机关大有影响，以财产多而信用大也；若本非会社而于商号中用可示为会社之文字是，有影射之弊，① 于取引之安全甚有关系。故应处以过料，而使检察官参与其执行也。

---

① 影射：冒充。

第二项　当事者

检察官，得对于审判厅移请商事非讼事件之审判。例如，会社违反于公秩之行为时，检察官对于审判厅移请该会社之解散是也（商48、非134）。

【按】会社虽真为会社，然不应违反于公之秩序之行为。例如，聚赌是也。故检察官得请求解散也。

民事、商事之非讼事件，至为繁多。以上所云，只略述检察官关于非讼事件如何办法。至于一切之事项以及各国之种类，断非更仆之所能详也。①

非讼事件，近十余年来，各国之学者方发明之。故学校中以此为一种科目者，尚属无有。然考诸目前之趋势，将来必大为发达或当远出民事诉讼法之上，亦未可知也。非讼事件既属重要，故制定新法律之国不可不慎重研究之。

---

① 断非：绝对不是；更仆：不计其数、数不胜数。

附 言①

自司法衙门所起之民事诉讼,及对于司法衙门所起之民事诉讼,由配置之检察厅代表该衙门。故检察官立于当事者之地位,行其职务。此因就国家立于一私人地位所为之民事诉讼,而代表国家于公益问题绝无关系(裁构142,明治二十五年司法省令5号)。

又非讼事件之过料审判,检察官本于强制执行之规定,而执行之(非讼208)。此不过规定审判之执行方法,于公益问题亦绝无关系也。

【按】检察官于前述之权限外,更有一重要之职司,② 即由审判厅所起之民事诉讼则检察官为原告;由人民对于审判厅所起之民事诉讼,则检察官代审判厅为被告是也。

例如,审判厅向米店买米若干价值已付,而米店不将米送交时,设审判厅提起诉讼即可以检察官为原告。又如审判厅向米店买米若干,而审判厅欠价不交时,设人民对之起诉此际,亦由检察官代表审判厅为被告。前者即自司法衙门所起之民事诉讼,后者即对于司法衙门所起之民事诉讼,检察官皆立于当事者之地位而行其职务。故检察官既代表审判厅,即代表国家,而仅于附言内说明之,不列诸正文内者。盖此时之代表乃代表国家之私益,而非代表国家之公益。换言之,不过就国家立于一私人地位所为之民事诉讼时代表而已。

---

① 附言:在已完成作品(如一封信、一篇文章或一本书)后而附加的一个或一系列注释,通常表示一个事后的想法或附加的资料。

② 职司:职务、职责、执掌。

国家之资格有二：一关于国家之全局者是，为公之资格立于一私人之地位者是；二为私之资格。今检察官之所为代表者乃私益而非公益。故于公益之问题绝无关系也。

　　又过料为非讼事件，商法上亦有规定。关于"过料"二字，学者议论不一。有以为秩序罚者，有以为行政罚或执行罚者。简言之，法律上命以一定之行为而不为，即当受过料之罚。故过料之规定，实强使为法律上所令之行为者也。

　　然过料并非刑罚，不可因有秩序罚等名称而涉误会。例如，公司中某种事项照法律规定，理事应于一定期间到登记所登记，如过此期间不登记是违反法律之规定，当科理事以过料；倘科过料后仍不登记，可再科之，以至累次，总以达其目的而后止；若以刑罚论，岂能就一事而科以累次之刑罚乎？

　　夫非讼事件日多，则秩序罚与行政罚亦日多。旧派学者往往混秩序罚等与刑罚为一新学说，始分别说明之二者实不相同也。既有过料之审判，检察官亦可令执达吏执行之，但此等执行不过为一种审判执行之方法，于公益上仍无关系也。

第三编 关于行刑法之部[①]

---

① 本编为"[日本]小河滋次郎口授,(歙县)徐谦鉴定,(三台)王枢笔述",并印在原书本编编名页上。

通 论

第一章 行刑之意义及其在刑事制度上之地位

第二章 行刑之要件

第三章 停止行刑之理由

各 论

第一章 死 刑

第二章 自由刑

第三章 自由刑之利害

第四章 行使刑罚权之保护任务

通 论

第一章
行刑之意义及其在刑事制度上之地位

第一项

行刑云者,乃指执行有一定职权官署所处断之刑之行为而言也。行刑分为两种:一曰形式的行刑,一曰实质的行刑。

(行刑)原不独限于审判衙门(通常裁判所及特别裁判所)之所处断者而已。如行政官署所决定之刑,亦应在执行范围之内。

然本论之所谓行刑,则专关于执行审判衙门或有审判性质之行政官署所处断之刑法罚耳。[①]

【按】刑(罚)也者,以对于人有伤害之性质;行刑云者,即以含有伤害性质之刑(罚)而加之于人之身也。"伤害"二字详言之,则为法益伤害。[②] 法益者,法律上所保护之利益。人类有此利益,得于法律范围内自由生存。今因其犯罪而剥夺之,是曰"法益之伤害"。其结果有痛苦之情状,故痛苦乃刑(罚)之实质焉。

行刑有形式的与实质的,其意义又有广义、狭义之分。广义即行刑之本义,指审判厅及其他官署所处断之刑(罚)之执行而言;狭义则仅指审判厅所处断之刑(罚)之执行而言。如本论所述行刑(罚)是也。

---

① 刑法罚:刑罚。
② 伤害:损害。

审判衙门有通常与特别二者。而特别之中,又分为四:如军法会议、领事裁判、警察署及戒严令是。军法会议本归诸陆海军部乃行政官署也,而军人犯罪属之军法会议及领事、警察等,均行政官署,而有时为审判之事、戒严之时,一切审判皆归之军司令官。凡此数者形式上为行政官,而实质上有审判之权皆特别审判所也。至通常审判衙门,则就司法审判言之。

本论所谓行刑(罚),乃指执行审判厅或有审判性质之行政官署所处断之刑法罚而言,即有一定职权官署所处断之刑(罚)也;又其所谓执行者惟限于刑法罚,其他之罚不包含焉。

刑罚亦有广狭二义。以广义言之,一为刑法罚,乃一般刑法上所规定之罚则;二为秩序罚,国家于一般秩序风俗上命令或禁止人之行为或不行为所处罚也;三为纪律罚,国家之特别纪律,如对于官吏之革职、罚俸是也;四为违警罚,警察署所处断最轻微事件之罚也。以学理言,违警罚本不在刑罚之内,而因立法上之便宜,各国皆列诸刑罚之内。兹亦本此述之,以合于各国之法制也。

第二项

有采用以行刑之一部分,附属于审判事务之制者。然理论上及实际上,皆莫如使全属于行政范围之适当,而且便利。故行刑与审判区别其所属(《日本裁判所构成法》第6条、刑事诉讼第320条)。

【按】司法、行政之分立,实宪法上唯一之精神。今以行刑之事属于审判官,是行政与司法相混矣。此理论之不合者也。

即以实际言之,亦不能以一人而兼理行刑及审判;若使兼理,恐分心于行刑不能专心于审判,而审判有不公平之结果,惟其如此。故法兰西立法例即分之,而以行刑事务专属之行政官管理;

至德国则以行刑之一部归之审判厅,而非以全部归之。据《德刑诉法》第843条云,其最下级审判厅执行刑罚,不归之检察官而归之审判官;至上级、中级审判厅之执行刑罚,则仍归之行政官署,而不归之审判焉。

第三项

刑事诉讼法中之行刑规定,多关于形式的行刑之事项;其关于实质的,则专归监狱法及其他特别法规定焉(《日本刑事诉讼法》第八编、《德国刑事诉讼法》第九篇)。

行刑之形式的或实质的事项规定于刑法中者,亦非鲜少(《日本刑法》第11条死刑,第18条5、6、7各项金刑,①第21条未决拘留,第22—24条刑期,第28条、第29条假出狱等),②且有采用特以关于行刑之重要事项,规定于刑法上之方针者(《意国刑法》《瑞士刑法草案》)。

【按】近世刑事立法之趋向,则似关于行刑之事项于刑法从略。而各自由刑之执行,概让特别法令规定焉(《日本刑法》《荷兰刑法》)。

近世各国刑事立法之趋向,一切行刑法皆有概让特别法令规定之势。例如,荷兰等刑法是。

从前以行刑重要事项规定于刑法中,如《意国刑法》《瑞士刑法草案》实因其时行刑之学不发达,于行刑一事视之甚轻;凡行刑之事项,如监狱等多以行政官厅命令定之是;执行刑法之机关当时初未见为重要,以故关于行刑之重要者势不能不规定于刑法,

---

① 金刑:罚金刑。
② 假出狱:假释。

以刑法外并无特别之行刑法律也。

日本旧《刑法》规定刑事项甚多，新《刑法》弱规定者少。然就上所举第10条、第12条、第18条、第22条、第24条、第28条、第29条观之，皆为行刑实质事项，其规定亦不为少也。

第四项

立法、刑法审判、行刑，乃刑事制度之三大要素也。其权能虽各有所异，而其终局之目的则同——必使三者整一合步，① 而后始能全刑事制度之任务焉。②

昔者惟知重立法、审判而不知行刑有相鼎立之关系。其后采用自由刑为刑之一种时，始知有此关系。洎乎自由刑之适用范围渐次扩张，③ 于是因之而愈知行刑任务之重大。迨至今日，行刑事项竟占刑事制度一要素之地位焉。

【按】刑事制度有三大要素：一曰立法，二曰审判，三曰行刑。有刑法以规定各种犯罪，必有审判以判定罪名，尤必有行刑法以执行审判所定之刑罚，三者各有独立之权能；而轻重关系之间，均须从同一目的而进行之。否则，畴轻畴重刑事制度之目的，④ 即不能达也。

古时立法及审判尚知注重，独不知行刑之宜重实。因当时之刑法不过死刑、笞杖刑、徒刑、流刑、罚金而已。此等办法，夫人而能之、较之立法及审判难易迥异，故当时不甚注重。自由刑之范围日渐扩张，执行自由刑需费甚多，且必须有学识经验者而

---

① 整一合步：整齐划一。
② 全：成全、满足。
③ 洎：等到。
④ 畴：通"孰"，"谁"。

后能执行，不如执行死刑、体刑等之简单。故关于行刑当作为一种独立学问而研究之，使之与立法、裁判并重焉。

德国学者霍尔真特尔弗（ホルツユンドルフ）氏有言曰："刑法者死物也，即审判亦不过形式上事，苟无有行刑法以行之，仍不能发生刑罚之效力，而法与审判皆不活动"，①斯言也，在行刑学上实为至言。②譬如，有一最完善之刑法于此，审判官据之以下公平之审判，如无执行之法，则立法与审判之结果均不能见。

就各国刑法言，荷兰在今日为最完善之法律。然自其起草之日迄于发布实行，中间实相距56年之久，是何故耶？

《荷兰刑法草案》成立于1825年，成立之后政府质之，其国有名学者往天迭克（ウヌンデンヲトク）氏乃言曰：③政府且勿问此草案之优劣，我且先问政府有无执行此刑罚之机关（设备监狱）及执行刑罚者有学识经验之官吏与否？如有完善机关，刑法固称美备；如无此机关，即刑法亦死法也。政府韪其言，④因极力改良监狱，养成监狱官吏以为实行刑法之预备。直至1881年，始将此草案提出议会而公布之。至今日，《荷兰刑法》与监狱皆为各国之模范。

然溯厥原因，⑤实往天迭克氏一言之力也。他如，法、德、意各国刑法均称美备，而《法国刑法》规定尤早1810年拿破仑第一之时即行制定，至于今日其刑法之精神目的尚未达到者，此缘拿破仑第一好名之心太甚，⑥只求颁完全之刑法以耸动人之视听，⑦至

---

① 霍尔真特尔弗（ホルツユンドルフ）：德国法学家。
② 至言：至理名言。
③ 往天迭克（ウヌンデンヲトク）：荷兰学者。
④ 韪其言：其言不假。
⑤ 溯厥原因：究其原因。
⑥ 好名：喜爱虚名。
⑦ 耸动：夸大事实，吹牛。

其实质如何不问也。

德、意等国亦正坐此弊,[①]徒规定刑法而刑法之精神目的皆不能达。日本亦然,旧《刑法》规定固好,新《刑法》尤善至行刑,则尚无相当之设备。

盖监狱官吏不改良行刑制度、不完善法典,(新《刑法》)虽佳,终无当也。

---

① 坐:坚守。

第二章
行刑之要件

第五项

行刑之要件分为实质的及形式的两种；判决及判决确定，则属于行刑之实质的要件。

第六项

有判决，即宣告刑罚（《日本刑诉法》第203条及第204条），而后始有执行刑罚之目的物。故非证明具备此基础的要件，则无论对于何人亦不能行刑，固不待言而明矣。

判决以限于帝国裁判所，或与裁判所有同等职权之帝国行政官署所判决者为本；则在外国所判决据刑法（《日本刑法》第5条），除减轻或免除以外，毫无为行刑要件之效力也。

【按】判决为行刑之目的物，故为行刑之基础要件；无判决，则不能行刑也。

此判决就日本言之，惟限于本国裁判所，及本国有同等职权之行政官所判决者而言。至在外国所判决，不能为行刑上实质之要件。如本国臣民在外国犯罪受外国之判决或执行，将来回至本国仍可加以判决或执行，使受两重之刑罚是为原则。惟办理之时，从《日本刑法》第5条，在外国已受判决，执行者本国虽可再为判决或执行。然因其已受执行，或减轻之，或免除之，虽判决而可不执行是。

外国之判决，在于本国原则上固无效力也。

第七项

判决必俟确定，而后始生执行之效果（《日本刑诉法》第317条）。判决因：一上诉期限经过，二上诉之取下，三上诉弃却之决定或判决，四终审裁判所之判决而确定。

此外，尚有以放弃上诉权认为确定之一条件者（《德国刑诉法》第344条）。然《日本刑事诉讼法》则不采用以放弃上诉权为确定判决之主义也。

【按】《日本刑诉法》第317条规定，谓判决必经确定之后，而后执行是；判决未确定，则不生执行之效果也。

判决因何确定？则有种种：一因上诉期间经过而确定；二因提起上诉之后而又取下之判决即于是确定；三因上诉弃却之判决或决定而确定；四因终审裁判所之裁判而确定。此四者皆判决确定之原因。

尚有以放弃上诉权认为条件者。夫上诉本有一定期限。例如，5日以内得为上诉之时。从德国刑法言，只须声明不为上诉即为放弃其上诉权，无论2日或3日前判决即行确定；若从日本言，仍以5日内不为上诉者定之，如未至，5日之前虽自行放弃，仍不能使裁判确定也。平心论之，德国自较胜日本。

夫当事者既申明不复上诉自可从速执行，何必再延时日？从实质上言之，如此即；①从理论上言之，刑罚与犯罪有形影相随之关系，判决与执行之间除有不得已之事由外，实当力求迅速亦不必多费时日也；且即以犯人论，其不上诉时仍在未决拘留中，则

---

① 此即：即此，是这样的。

何如于其抛弃上诉权时，即从速执行之为得耶。

现在各国刑法，皆有犹豫行刑之制度。[①] 凡受此犹豫行刑判决者，确定后即当释放；若从日本办法虽放弃上诉权者，亦必待5日期满后，再行释放是。拘留之日数，且较德国为多，即不能实行犹豫行刑之制度也。

第八项

上诉分为控诉（《日本刑事诉讼法》第二章第258—266条）及上告（《日本刑事诉讼法》第三章第267—291条）两种。

检察官及被告人对于判决皆可以上诉，而检察官亦不妨为被告人之利益而上诉（《日本刑事诉讼法》第243条）；辩护人（《日本刑事诉讼法》第243条）、法律上代理人（同法第244条）及其他诉讼关系人（同法第242条），亦有以代理或独立之资格为上诉之权。有此上诉权者，若经过法定期限不上诉时，则判决遂生确定效力。

法定期限控诉时，自判决宣告日始5日为限（《日本刑事诉讼法》第252条）；上告时，则以3日为限（同法第271条）。但缺席判决之际，在有故期间内即3日内（同法第229条）可以不称有故，即得上诉（同法第252条第2项）；又因天灾及其他不可避之事变，经过法定期间时，可以恢复因经过期间所失之权利（同法第247条）。

【按】关于控诉，可参照《日本刑诉》第二章第250—266条；关于上告，可参照《日本刑诉》第260—291条。

要之，控诉者，对于第一审判决不服而提起之上诉也；上告者，对于第二审判决不服而提起之上诉也。

日本控诉期间定为5日，上诉期间为3日；德国期间，无论

---

① 犹豫行刑：缓刑。

控诉、上告其期间皆为7日。此日、德有不同者。

又《日本刑诉》第251条第2项之判决者规定，故障期间内不申明故障，得直为控诉；又（同法）第229条规定，故障之期间为3日，即上所谓在有故期间即3日内，可以不称有故即得上诉也。

第九项

上诉在判决确定后，上诉者无论何时可以注销；① 而注销时，即发生判决确定之效力。但检察官不能注销上诉（《日本刑事诉讼法》第246条）。

【按】此处日本与德国不同。日本检察官提起上诉后，不能注销上诉；德国检察官则亦可注销。但（按）德国办法，检察官如为被告人利益而提起上诉者，必须被告人允诺方能注销（见《（德国）刑诉》第344条之规定）。

【谦按】"注销"原作"取下"。现在《审判章程》均用"注销"字样，故改作。

第十项

在经过法定期间后之上诉，由原审判厅以决定批驳之（《日本刑事诉讼法》第255条及第276条）。② 批驳即有使判决确定之效力，但对于批驳之决定为抗告时，则不在此限；对于控诉审判厅之批驳判决（同法第260条及第261条）尚可以更为上告；而上告审判厅之批驳（同法第285条），则即生判决确定之效力焉。

---

① 注销：撤销。

② 批驳：驳回。

【谦按】"批驳"原作"弃却"。

【又按】控诉审判厅者，如由初级审判厅起诉时，则地方审判厅为控诉审判厅；由地方审判厅起诉时，则高等审判厅为控诉审判厅。

上告审判厅与前理同。如由初级起诉，则高等为上告审判厅；由地方起诉，则大理院为上告审判厅。

第十一项

上告审判厅若认上告为有理由时，则宣告被毁，①其原判决之部分以其事件移于他审判厅（《日本刑事诉讼法》第286条）。

然若因拟律错误或违背法律受理公诉而破毁判决时，②则不移其事件于他审判厅，而由上告审判厅自为判决（同法第287条），其判决为终审审判，故即生确定之效力。

第十二项

对于确定判决恢复权利之法定方法，有非常上告及再审两种。

非常上告云者，乃不问第一审、第二审，对于法律所不罚之行为而宣告以刑，或宣告比相当之刑较重之刑时，在法定期限内无上诉者，于其判决确定之际，有受上告之权之检察官，据司法大臣之命或以其职权无论何时，对于其审判厅请其更正审判之谓也（《日本刑事诉讼法》第292条）。

再审云者，乃指审判确定后，检察官受刑之宣告者或亲属为其人之利益所得用之救济方法而言也（同法第301—309条）。

---

① 毁：取消。
② 破毁：撤销。

【按】判决因上诉期间经过、注销上诉及批驳上诉与终审判决等原因，而确定。

然确定后，尚有两种手段可以恢复权利。盖判决确定自当执行刑罚，然即已执行亦有恢复之办法：一非常上告，二再审是也。

此处宜注意者，再审必有一定之条件（《日本刑诉》第310条规定之）。惟此等条件虽不完备，监狱官吏仍当受其请求之文书，而送达于检察厅视其条件果否完备，而定其应行再审与否。至监狱则不问其条件备否，凡受刑人有提出再审之文书者，均当为之送达也。虽然此规定甚不完善，夫犯人虽不愿再审，纵使罪状彰著亦欲经过一番之反复，①此亦人情之常。

今使监狱官吏不得稽查其再审要求之条件完备与否，而概使收受之，且送至之于检察厅，则不免纷繁矣。故当使执行之官吏、监狱官吏，得审查具再审要求之文书者，其条件完备与否，以为准驳之，差实至当也。②

其弊既不问其有无理由，概许再审之要求，势必无执行之一日；而受刑宣告之人乐得迁延狡展，③日复一日，年复一年，将终无实行刑罚之一日矣。

第十三项

实质的行刑之效果，虽与判决确定同时发生；然非再加以具备一定之形式，仍不能开始实行行刑也；即在死刑时宣告确定之后，检察官当速呈诉讼记录于司法大臣，俟有命令时始能执行（《日本刑事诉讼法》第218条）；其他之刑，皆必须有检察官之指挥（同法第320条）；

---

① 彰著：显著、明显。
② 差实：着实；至当：恰当。
③ 迁延狡展：拖延、狡赖。

而自由刑则在指挥以外，尚需交付判决书（《日本监狱法》第11条）。所谓形式之要件，即此是也。

【按】前讲明判决及判决确定为实质的行刑要件，然尚不能执行刑罚，必须再有形式之要件始可。盖实质要件与形式要件两者缺一，皆不能执行也。

第三章
停止行刑之理由

第十四项

对于一定之人之刑宣告确定时,国家即有对于其犯罪行为处以刑;且执行其处刑之权能而实施此权能(形式的行刑)者,即检察官之任务也。然此任务不能常期,其必行;若有一定之原因,则此任务不得不归于停止。所谓停止行刑之理由者,即此是也。

【按】停止行刑云者,谓要件虽已完备应由检察官实行行刑,而因有不能达行刑目的之理由,则检察官亦不能尽其任务而执行也。其理由详下。

【谦按】"停止"原作"不能"及"不可能"等字样。然所谓"不能"者,乃不能达行刑之目的,非不能施行刑之手段也。古代斩枭戮尸等刑,① 即恶其不能,② 而仍从事于行刑焉,此事实上非不能之明证也。

但理论上,受刑者不能感其痛苦,则行刑之目的仍不能达。故发明停止之规定,而其间亦有久暂之别是。③ 与其谓为"不能",

---

① 斩枭:即将人头砍下,悬于木竿示众;戮尸:为惩罚死者生前的行为,挖坟开棺,将尸体枭首示众。
② 恶其不能:(认为)它们不好,不能适用。
③ 久暂:长久与短暂。

不如谓为"停止"之为愈矣。①至"不可能"之词尤觉意义晦涩，②故易之。

第十五项

停止行刑之理由，自其性质上可分为事实的及法为的两种。死亡及不治之精神病，属于事实的停止之理由；恩赦及时效，属于法为的停止之理由。

> 【按】（停止行刑之理由包括）事实的、法为的两种。前者就事实上言，停止行刑；后者即因法律规定之结果，而停止行刑也。
>
> 事实上停止行刑又分为二：一为受刑之宣告者死亡，二为受刑之宣告者系不治之精神病者。此两种皆停止行刑。
>
> 法律上停止行刑亦有二：一为恩赦是，乃君主之大权作用既赦则免除其刑；二为时效，乃法律上规定某种刑罚经过若干年即消灭者是。因时效之满，亦遂停止行刑也。

第十六项

处刑之目的物，为犯罪个人。若犯罪个人在判决确定后死亡时，则失处刑之目的物。故自然使行刑之权能不能实施，但权能之本体尚依然存在，则不待言矣。

此理由在执行金刑时，亦以适用之为本，则其以金刑视为一种债务；判决确定后，对于受刑者之遗产执行之规定（《德国刑法》第30条），终不得谓为合乎法理者也。

> 【按】今世行刑之观念，以为行刑之目的物专在犯罪本人。本

---

① 愈：较好、妥当。
② 晦涩：难懂。

人死亡，不能以他人当其罪。故本人死亡即属停止行刑之事实上理由也。

往古时代行刑之目的物不专在本人，而在于犯罪之行为。故有戮尸、枭首之刑。其原因，即以犯罪之事实为行刑之目的物。故本人死亡与否在所不问，但有犯罪之事实即有处罚之事由。

若在今日，虽亦有以死体而付诸解剖者。然并无刑罚之性质，不独犯死罪者为然；即犯自由刑者亦有之。实为医学上发明起见，利用受刑者死亡之遗体，与从前之戮尸大异。

夫受刑之人既死停止行刑，不可因之遽断国家无徒刑之权能也。国家无论何时皆有此权能，不过因目的物之不存在，而其权能不能发现而已。①

又受死刑者死亡以后，停止执行；即其他自由刑及罚金等亦然。

而德国制度（规定），凡受罚金之宣告者，仍当对其遗产而执行之。与现在之理论未合，苛孰甚焉。②

第十七项

受刑之宣告者在判决确定后，罹不治之精神病时，③亦可为使刑之执行停止之理由也。何则不治之精神病，才失其本来之知觉，④终不能达处刑之目的，故也。

【按】本人有不治之精神病即停止行刑者，何故耶？盖刑法之目的在乎改良其人之行事，以使受感化而迁善改过。若其人已有

---

① 发现：实现。
② 苛：过于严厉。
③ 罹：罹患。
④ 知觉：感性认识。

不治之疾，其精神已不足感动，虽处以罚仍无望其劝惩，是等之人已不足以为刑罚之目的物。如犹对之而执行，是空而无当也。

且以法理言之，不治之精神病者当作为绝对不能行刑之理由，而今日各国制度仅以之作为停止执行之理由。盖因此等病症其究为不治与否，尚未可知。故暂时作为停止，将来如能瘥可尚须执行也。此从事实的理由言之。

第十八项

恩赦者，本于大权之放弃刑罚权之行为也（《日本宪法》第16条）。

恩赦分为大赦、特赦及减刑三种。大赦者，在特别之际，对于某种类之犯罪之赦免也。不问在判决确定前后，有消灭一切刑罚权之效果；特赦者，乃对于特定之受刑者，放弃其确定刑之一部或全部之执行权也；减刑者，亦系对于特定受刑者，因大权而减轻其确定刑之方法也。（特赦与减刑）二者效力所及，不过仅属于行刑之范围。故对于大赦，名特赦及减刑为狭义之恩赦，恩赦权得委任于行政官署。德国本于恩赦权之委任以附条件，恩赦之名采用犹豫行刑之制焉。

【按】大赦者，如新君即位或因政治上别种事由，对于一定种类之犯罪，如窃盗等罪，而消灭其刑罚，不分判决确定之前后也。

特赦，则专对于特定受刑之人而免除其刑罚。此必于判决确定后为之。其与大赦不同者：大赦乃对于同类之犯罪，如甲乙丙丁等皆赦之，而特赦则仅对于特别之一人赦之；又大赦不分判决确定之前后，特赦则限于判决确定后也。

减刑者，将已判决之刑减轻之，如判定10年者减为5年，5年减为3年是。此减轻与审判上减轻不同：审判上减轻在未判定之前，由审判官酌量减轻之；此（即审判上减轻）则既判定后，

以君主之大权而减轻之也。

　　大赦之效力可以使刑罚之本质归于消灭，至特赦与减刑之本质并未消灭，不过不执行而已。其结果大有不同：经大赦者如更犯罪不为再犯，① 以前此之刑罚已消灭也；至经特赦、减刑而更犯罪，则为再犯，以前此之刑尚存在。故也大赦者，因一国主权者有大事而行之；特赦则因一定之目的而赦之，如刑法过重，或审判官适用错误，或因时代变迁所处之刑见为不必要时，均可以国家之大权更正之。

　　夫恩赦之权本属于一国之主权者。然主权者亦可委之行政官署。如司法大臣等亦可为之。

　　又犹豫行刑，各国皆规定于刑法。惟德国则作为恩赦之一种，苟不经恩赦之命令不能犹豫行刑也。

　　再就恩赦之得失言之，大赦非国有大事不能妄用，必出于不得已而后用之；即特赦、减刑亦不宜常用，不过为更正审判之错误起见，使审判官皆深明法律何至适用有错误乎。故特赦、减刑亦不宜常用。

　　刑事制度日益进步，则恩赦当日少。以常有恩赦，则将使人生侥幸之心，而轻于犯罪也。但日本现在用特赦者甚多，年几数百案。此因法律尚未完备之故。例如，杀自己初生之婴孩，日本刑法皆为谋杀。然此等犯罪情实可怜，非赤贫之人何得有此，② 虽法律上不能不治以罪，故另用特赦以救济之。

　　又德国决斗之风最盛，陆军中几无人不为决斗者，法律上虽严禁之；然遇有此案，德王每用特赦以免其刑。故现在德国之决斗，仍有加无已。盖如此办理与奖励决斗，何异特赦之事过多，

---

① 更：又；再犯：再次犯罪。
② 赤贫：非常贫困。

于法律之威信、司法之独立，均大有妨碍也。

又特赦、减刑与假出狱不可相混。假出狱者，谓执行刑罚之时，设其人品行善良，使之暂令出狱，不过不在狱中执行而在狱外执行，仍为一种执行之方法也。至特赦、减刑则免其刑而不执行。日本往往相混，而误适用者而不知二者之性质，固迥异矣。

第十九项

时效者于公法上规定，因时之经过而发生消灭刑罚权之效果也。故行刑官署当一切行刑之际，有调查时效有无之责任，虽该受刑者放弃因时效所得免刑之权时，亦不得执行。

刑罚时效中虽有公诉时效与行刑时效之区别，然其所异不过在确定判决之前后而已，至其消灭刑罚权之效果则一也（《日本刑事诉讼法》第8条，《刑法》第31—34条）。

【按】行刑时效，因在下列期间内未受执行，而完成焉：①死刑（为）30年；②无期惩役或禁锢（为）20年；③有期惩役或禁锢之时效，10年以上者为15年，3年以上者为10年，未满3年者为5年；④罚金（为）3年；⑤拘留、科料及没收（为）1年。

行刑官署，指检察官及监狱官吏而言。检察官及监狱官吏当行刑之际，有调查有无时效之责任。

时效分公诉时效与行刑时效两种。公诉时效，在确定判决前之时效；行刑时效，乃确定判决后之时效也。（上述）第①至⑤项所列举，为日本行刑时效。在德国则无期惩役之时效亦为30年，与死刑同是，日本行刑时效较之德国为短也。

第二十项

行刑时效之期间，以自判决确定之日起算为原则；若据法令犹豫

刑之执行（《日本刑法》第25—27条）或停止执行（《日本刑事诉讼法》第318₃条及第319条第2项）时，①则自犹豫或停止终了之翌日起算（《日本刑法》第33条）。②

又在时效进行以后，死刑、自由刑因为执行逮捕其人时而中断，金刑因执行征收行为时而中断（《日本刑法》第34条）。行刑时效唯免除刑之执行而已，非有消灭刑之宣告之效果者也。

【按】行刑时效之期间，原则上自判决确定之日起算。然使犹豫行刑或停止行刑（如因怀胎而停止）时，则其时效自犹豫其期间终了之翌日起算；如犹豫期间为3月，则自3月满月之交日起算，时效当其犹豫或停止期间内不算入时效，必犹豫停止期间已满而后，时效始进行也。

又在时效进行以后，死刑、自由刑因为执行逮捕其人时而时效中断，罚金之刑则因执行征收其财产时而时效中断。譬如，死刑定为30年，过30年不执行即不能执行。然使于25年时捕得其人而后又逃走，则从前已过之25年不算入时效，当从逃走之后另行起算，必再过30年而后时效始满也。

时效只有免除刑之执行之效力，而无消灭刑之宣告之效力。免除、消灭同一不行刑，而其效果各异。如系消灭刑之宣告，则更犯罪时不为再犯；使仅免除而未消灭，则更犯罪即为再犯。又犹豫行刑只对于初次犯、轻罪者用之；若再犯则不能用时效则否，亦其异点也。

时效之制各国皆有，惟英国无之。其所以用时效之制度者，有种种理由：

---

① 犹豫刑：缓刑。
② 翌日：次日、第二天。

一则以犯罪人既经确定判决而逃亡。如死刑经过30年，自由刑经过20年未能捕得，则其人于此二三十年内虽未受刑，而藏之深深屏息隐亦不敢为人所知，其受苦已不少是。不处刑而刑之目的已达，不必更事执行也。

二则以犯人逃亡已逾二三十年为日既久，一般社会之人皆忘其犯罪。既忘之矣何必于二三十年重提旧案，以令人复忆及之。夫犯罪本非美事，以令人忘之为善。故经过二三十年不再行刑此又一理由也。

然虽有上述之理由，亦不必如此论之。盖时效制度，从刑事政策而来。刑事政策者在求达刑之目的，刑之目的苟达则刑事政策即完全。

夫时效制度，亦求所以达刑之目的者，刑之目的在保护社会之利益，而维持其安宁秩序不似古昔之主义在于报复，如为恶者必使之受恶报也。今日刑之目的，既在维持社会之利益，则犯人之逃亡者于二三十年之内销声匿迹未闻再犯，是已不为害于社会；不为害于社会，则安宁秩序得以维持，而刑之目的已达也；又何必于时效既满之后，而执行刑罚乎？！

【谦按】行刑时效之理由本于刑事政策，其说最为正当。至前两种（即上述一则、二则）理由皆属理想之谈，与事实未必相合。即如中国与外国未结犯人拘交条约，又国内有租借地及治外法权等犯人之逃亡者，或隐匿于租界或遁迹于外国，苟犯人多财仍不失其安乐。此理由之与事实不合者一也。

又如，犯人逃亡，而被害者之子孙方且衔之刺骨，①虽经二三十年终不能忘其仇。倘因时效经过而听犯人复归故里，寻仇

---

① 衔之刺骨：刻骨铭记于心。

者或仍不能已。此理由与事实不合者二也。

故时效之理由与其自客观上言之，不如自主观上言之，而归之于国家之刑事政策之为愈也。然此政策，苟非警察严密及国际上主权强硬者，恐未易行之也。

各 论

刑法者,为伤害法益而设法益者法律所保护之利益也。如生命、身体、自由、名誉、财产皆是。

法益有种种,伤害法益之刑法因之亦有种种:伤害生命之法益者,为死刑;伤害身体之法益者,为体刑,如笞杖之类;伤害财产之法益者,为金刑,即罚金是;伤害自由之法益者,为自由刑;伤害名誉之法益者,为名誉刑,如剥夺公权或停止公权是也。

数种刑罚之中,以自由刑发达为最迟。古时虽闻用之,然不甚发达。盖古时所用者,惟死刑、体刑、金刑、名誉刑四者而已。

而体刑之制在今日各国,几乎全然废止。其有之者,惟英国与丹麦。丹麦用笞刑于16岁以下之男女,① 英国则惟限于16岁以下之女子。其16岁以上皆绝对不用之,且其用笞刑者不过稍示薄惩,不能谓之体刑。故体刑一制在今日各国可称绝迹矣。

又各国如英、德、奥等,仍有于监狱内作为秩序罚,而用笞刑者于犯人不守纪律时用之。然此办法实不当也。

各论之中本应将各种刑罚以次分类说明,兹以限于时日,只举死刑、自由刑之执行论之,其他姑待诸异日焉。②

---

① 笞刑:古代五刑之一。以竹板或小荆条抽打背部或臀部。自10下至50下,分为五等。

② 姑待:姑且等待;异日:他日。

第一章
死　刑

第二十一项

　　死刑存废之问题，自贝卡利亚以来，[①] 学说上议论纷纷，莫衷一是。然立法上断行废止者，[②] 亦不少（荷兰、意大利、北美合众国数邦及《瑞士刑法草案》）。[③] 如瑞士、芬兰、丹麦、比利时等亦仅存其名，而已数年间未尝实行一次。其他虽称为刑制上保存死刑名实之国，[④] 而今日对于适用死刑之犯罪种类，亦严加限制，且实行之际亦甚少。

　　故实行有反成变例之势焉（参照拙著《死刑废止论》）。[⑤]

　　【按】死刑存废，为近今一大问题。其已经废止者，如荷兰、意大利、北美合众国中之13州及《瑞士刑法草案》是；其仅存死刑之名，而数年间未尝实行一次者，如瑞士、芬兰、丹麦、比利时是；至如英、德、法、奥等为刑制上保存死刑名实之国，法律上有死刑，事实上亦有死刑，惟对于适用死刑之犯罪种类限制极严，不似从前犯重罪者皆处以死。故其审判以不实行死刑为原则，而以实行为例外也。

　　再以近今各国论之，日本用死刑较他国为多，平均计之每年

---

① 贝卡利亚（1738—1794年）：意大利人，著名刑法学家。
② 断行：断然施行。
③ 北美合众国：美国。
④ 名实：名称与实际或实行。
⑤ 变例：原则以外的例外；拙著：谦称，我——小河滋次郎。

约40人。英本大国，亦实行死刑者统计，每年全国之处死刑者不过十四五人。以此论之，日本之处死刑固为最多之数矣。

盖他国适用死刑之犯罪多限于谋杀，除谋杀以外不用死刑。日本则除谋杀以外，如放火、决水及加害于火车、轮船等之犯罪亦有处死刑者。处死刑之种类既多，故犯罪之适用（死刑）者亦多也。

现在一般之舆论多主张限制死刑之种类，而主张废止者亦复不少。如俄国议会中，亦有提出废止死刑之议案；法国议会倡议废止死刑未见实行，然其政府于预算时已废去死刑之费用是，即为废止死刑之先声也。①

日本去年颁新《刑法》。当起草时，关于死刑存废问题，以多数决定之主张废止者10人，其不主张者有10余人。故新《刑法》不能将死刑废去也。

至《德国刑法草案》本有死刑，而提出议会时不主张废止者多。第二次议案亦然，第三次则主废止者多3人。此亦有原因。当其时德意志联邦新立，基础尚未巩固，不能不借法律以统一之。故第三次草案提出议会时，乃经俾士麦种种演说，②具有一番政策手段，而始有此结果也。

第二十二项

死刑虽亦在宣告确定时，即有可以执行之效力（《日本刑事诉讼法》第317条）。然必俟有司法大臣之命令，而后始能执行也（同法第318条）。受宣告死刑者若心神丧失时，则未痊愈以前不得执行死刑；怀胎者非分娩后，亦不得执行死刑（同法第318_3条）。

---

① 先声：领先发出的声音，指开创潮流的事物。
② 俾士麦：即奥托·爱德华·利奥波德·冯·俾士麦（Otto Eduard Leopold von Bismarck，1815—1898年），德意志帝国首任宰相（1871—1890年）。

【按】死刑于宣告确定后，即有执行之效力。然尚须行有形式之要件，即要经司法大臣之命令是也。《日本诉讼法》上执行死刑命令权，归之司法大臣；他国则不然，以此命令权属之君主或大统领。①

当死刑宣告以后，主权者或特赦之，或执行之皆大权之作用也。②日本办法，于判决确定后以文书送致之于司法大臣，如司法大臣以为毋庸特赦，即可发命令而执行死刑；如以为尚须特赦，再由司法大臣之奏请（天皇）是，特赦与否其权均由司法大臣操之。

若各国办法则无论特赦与否，均当由主权者之裁定，此即各国较胜于日本之处。盖以死者不可生，断者不可续，③今以司法大臣而操特赦执行之权柄，实非郑重之办法也。

第二十三项

受宣告死刑者在执行以前，拘禁于监狱（《日本刑法》第11条，《监狱法》第1条）。拘禁之目的不过为确保执行而已，毫无行刑之性质，固不待言，是以监狱当准刑事被告人待遇之也（《监狱法》第9条）。④

【按】大凡监狱中有两种人：一为受自由刑之执行者，一为刑事被告人受死刑宣告者。依法律而置之监狱既非受自由刑执行者，又非刑事被告人。然以其在监狱不能无待遇之方法，则当照刑事

---

① 大统领：朝鲜、韩国和日本对共和国国家元首的相应称呼，相当于总统。
② 主权者：掌握国家权力者；大权：重要的或支配的权力。
③ 断者：断头之人。
④ 准：如同。

被告人之待遇；待遇之不当，照受自由刑之执行之人之待遇。

盖刑事被告人尚未定罪，与普通人无异；其待遇亦与普通人同。受死刑宣告者其未执行以前，亦与普通人无异也。原来受死刑宣告者不应置之于监狱，以与刑事被告人同一处置。然独处则恐有自杀之虞，或闷损而至于精神病。① 固不如使与刑事被告人同置一处，较为方便也。

欧洲之制，凡受宣告死刑者，虽置于一室由监狱官吏中派两人看守之，以防不测。此种办法既觉其烦，亦太费事；若与刑事被告人同置一处，既可省事，且亦无上示之流弊也。

又欧洲执行死刑者，一年之中为数极少。日本则较多，东京某刑事被告人监狱中，时常拘禁受死刑宣告者十四五人，如人必派两人看守之，其不便孰甚，且亦不能办到也。

【谦按】受死刑宣告者，未执行以前待遇之方法，因人数之多少而异。

若欧洲废止死刑之国，固无论矣。其实行死刑者终岁亦不过十数人，自以另处一室特别看守之法为最善。

如日本与刑事被告人同一待遇之法，乃因受死刑宣告者之多，不得不然，其实非善法也。

第二十四项

关于实质执行死刑之任务，则属监狱之主管，由典狱统理之；② 若虽具备行刑之要件，而该受宣告死刑者怀胎或在心神丧失之健康状态时，则当以其事由申请于司法大臣拒绝其执行。

---

① 闷损：心情极为愁闷。
② 典狱：典狱长、典狱官。

又大祭祝日1月1日、2日及12月31日亦绝对不得执行也（《日本监狱法》第71条）。

【按】实质的执行死刑之任务虽属监狱之主管，然仍由检察官指挥命令之，不过由典狱官统理之耳。

第二十五项

执行死刑之实质事项，有九：一指定执行日时，二执行之告示，三诊断健康，四教诲，五刑场之警戒，六相当官吏之临场，七绞首，八作始末书，①九遗骸及遗留物之处分等是也。

甲、指定执行日时

有司法大臣所发之执行死刑命令时，则当在3日内执行之（《日本刑事诉讼法》第318条）。

3日之期间，盖所以使其便于预备关于执行之各事。故务宜使实质的行刑官署之监狱，迅速接受其命令。接受此命令时，典狱一面定执行之日时，一面为执行之准备。

（执行死刑的具体）时间上虽无法定之限制，然务宜在午前执行之。②

【按】执行死刑之（具体）时间，德国法律无一定时刻，而条文上有"早晓"二字；③法国法律则明有规定，凡死刑执行当于天明以前执行之。盖皆以早为要。

又德国执行死刑由君主发命令后，地方检察长与高等裁判所

---

① 始末书：经过笔录。
② 午前：中午之前。
③ 早晓：早晨拂晓；拂晓：天快亮的时候。

长并专门执行死刑之人（非狱官、非检察官乃一种专门之人）相与会商，以定执行之日时也。

【薛案】① 在我国，古装影视剧中有一个几乎人人耳熟能详的情节，就是某人被判死刑，主审官宣布：午时三刻，推出午门斩首！

午时三刻行刑，是明清官府的惯例，或者是民间百姓、说书人、写书人的普遍看法，而古代法律根本没有这样的规定。那么"午时三刻"究竟有什么奥妙？

在古代，1 天 =12 个时辰，1 个时辰 =2 小时。按地支排序为子、丑、寅、卯、辰、巳、午、未、申、酉、戌、亥。这12时辰又划为100刻；而"时"和"刻"的换算比较麻烦，就是每个时辰8又1/3刻。因此，"午时"就是指一天的中午11点至13点之间，加上三刻，就是将近正午12点，如果要算精确一点，就是中午11时43分12秒。这个时候太阳挂在天空中央，照下来地面上的阴影最短的时候。

那么，为什么选择在午时三刻斩首罪人？别说是中国古代，就是现代很多农村地区，还有人认为死人是"阴事"，若处理不当，死者的鬼魂就会留在阳间纠缠活人。而正午时刻是一天当中"阳气"最盛的时候，阳气可以压制和祛散阴气。为了不让死刑犯的鬼魂出来作祟，所以要在阳气最盛的时候行刑。

既然午时三刻不是法律规定的斩首时间，那什么时候才是？

一则大家可能听过"秋后问斩"的说法，《左传》中就有"赏以冬夏，刑以秋冬"的记载。

二则明朝规定，如果有人在立春后或秋分前处决犯人，是要

---

① 薛案：本书点校者案。

被打八十大棍的。唐朝也有规定，若不是在秋分和立春之间行刑，只有等到来年了。

三则除了规定季节，日期上也是很有讲究的。唐宋法律规定，除了每年从立春到秋分，正月、五月、九月，大祭祀日、大斋戒日，二十四节气日，每个月的朔望和上下弦日、每月的禁杀日（即每逢十、初一、初八、十四、十五、十八、廿三、廿四、廿八、廿九、三十）都不得执行死刑。

乙、执行之告示

告示有预告及正告之别。预告者，决定执行时日后，在便宜之时机及地方告知执行，以使其便于准备诸事为目的者也；正告者，乃临刑场后在执行前正式之告知方法也。

【按】预告一层，在理论上应该如此。然以监狱中经验之结果，预告之后有为人情所不能忍者。故日本现在办法，皆于执行日之晨早告知之。①

欧洲各国则规定于前二三日由检察官告知之；在此告知以后，监狱官吏之看守固甚难也。

丙、诊断健康

接执行死刑之命令时，典狱在定执行日时以前，当先使医生诊查本人之健康状态，要证明其无怀胎或心神丧失之异状；时而在临执行之际，又须再使医生诊查之。若在此瞬间有怀胎或心神丧失之异状时，② 则不得不以之为中止执行之理由也。

---

① 之：将被执行死刑者。
② 瞬间：一刹那、转瞬之间；异状：反常情形。

丁、教诲

预告执行死刑之后,须对于本人施慰安其精神所必要之教诲。教诲师在对于本人施教诲以外,①尚有与之同赴刑场之职任。②

【按】监狱中教诲师以宗教家任之。欧洲则以耶稣教徒为之,日本则以佛教徒为之。

此种教诲师平时在监狱中既当教导一切;而当执行死刑前,尤当思所以慰藉其精神,及执行时则尚须身送之绞首台也。

戊、刑场之警戒

死刑在监狱内之刑场执行之(《日本监狱法》第 71 条)。除有关系于执行死刑者以外,不许入刑场(《日本刑事诉讼法》第 318_2 条)。

【按】执行死刑之方法有公行主义、密行主义及限制的公行主义之别。日本则采用密行主义。故有一定区划之刑场,且须严禁无关系者之出入,此所以必要刑场之警戒也。

警戒云,即谓须有关系于执行死刑者之人始许入场,此外之人不得入场,以免弊害。所谓有关系之人,如检察官、典狱官、书记是也。

行刑主义有三:一为公行主义,使众人皆得而见之;二为密行主义,惟有关系人得到场;三为限制公行主义,虽系公行,然非无论何人皆可到场,其得到场之人亦有一定。

---

① 教诲师:日本佛教用语。指在监狱中教导囚犯,引导他们步入生活正轨之工作者。此一职务多由宗教家担任,在基督教,牧师担任教诲师者颇多;惟日本佛教界人士较少任此职,明治十九年(1886 年)以后,教诲师多由真宗之出家人所担任。

② 职任:职责与任务。

古时无论何种刑罚，皆以公行主义为原则，意主于威吓、警戒。而今世各国则无论何刑，概以密行主义为原则，适与古时相反。古时审判秘密而行刑公开，今时审判公开而行刑则秘密也。

文明各国其执行死刑，大概采密行主义。惟法国尚用公行，殊为可异。近年法国议会每提议此问题，而未决。然法国名为公行而实亦密行，以法律规定死刑执行皆于天明以前执行之也。夫采公行主义者只有法国，采纯粹密行主义者只有日本，故监狱内有刑场；其余各国皆采限制公行主义，故其监狱内并无刑场。

以日本之实例言，监狱内有执行死刑之刑场，亦惟控诉院所在地之监狱有之。盖死刑案件往往不能终结于地方，故日地方裁判所所在地之监狱内并无刑场也。

要而论之，监狱之内非执行死刑之地，如在监狱内执行死刑，于改良感化犯人之方法大有妨碍。盖使一般在狱之人受此恶影响，殊为不善也。

己、相当官吏之临场

执行死刑之际，须有检察官及审判厅书记临场（《日本刑事诉讼法》第318$_2$条）。典狱为统理执行者其临场，固不待言，且须使行执行职务所必要之监狱官吏。如医生、教诲师、看守长等参列焉。

又有时在可以确保密行主义之范围内，有许可第三者倍观之权（同法第318$_2$条）。① 在采用限制公行主义之国临场人定为三种：即一必须临者场，二不能拒绝其临场者，三得许可其临场者是也。

【按】日本为采用密行主义之国。故其执行死刑有二条件：一必在狱内之刑场；二必限定临场之官吏及参观之第三者。限定临场之官吏，如医生、教诲师、看守长等是；许可陪观之第三者，

① 倍：通"背"；倍观：背地观看。

如推事、研究医学起见之医生及行刑学之专门研究者是也。

至采用限制公行主义之国，则无以上两条件，而临场人亦分为三种：①为必须临场者，即检察官、书记、推事是也；②为不能拒绝其临场者，此即构成限制的公行主义之要素，如本人之辩护士、宣教师及地方之公吏若干名（监狱所在地之自治机关之吏员）是也；至③得许可其临场者，即采用密行主义之国亦有之如日本是也。

庚、绞首

死刑用绞首法执行之（《日本刑法》第11条）。

绞首乃英吉利、挪威等所采用者；① 德、奥、法等诸国则用斩首；法、北美合众国内有用电气杀之新法者。

斩首有用刀与用断头器之区别。法国及德意志联邦中二三国用断头器。

要之，当使受刑者少受痛苦，确实神速执行之；用绞首法时，难保必无复苏之虞。此所以必须有绞首之后检其死相，非经5分间不得解绞绳（《日本监狱法》第72条）之规定也。

至于用监狱下级吏员为执行死刑者之例，则外国所未有者也（《日本看守及监狱佣人分掌例》第64条）。

【谦按】欧洲各国之死刑除用斩首外皆用缢杀之法，与绞法迥异。此节概谓为绞，首尚非确义。

从前日本只有斩刑，无绞首办法。及明治维新后，② 始斩、绞并用；其后，乃废去斩刑而专用绞首方法。

---

① 英吉利：英国。

② 明治维新：是指19世纪60年代末，日本在受到西方资本主义工业文明冲击下所进行的，由上而下、具有资本主义性质的全盘西化与现代化改革运动。

欧洲各国用之（即绞首）者少，惟英与挪威用之。至德、法、奥等国皆用斩首之法。北美合众国因各地方而异，有用绞者，有用斩者，且有新发明之方法而用电气杀之者。其用电气杀之方法，乃将死者置之于椅，而于其头上通以电气，其人即死。此种方法固新，然死者苦痛与否，学者不无疑义，即在北美亦只数处用之也。

至斩首方法有用刀者，有用斧者，有用断头机器者。断头机器名之曰ギロッチン，法国及德意志联邦中之二三国有之。其法于斩首台上置一机器，机器中置以极快之刀，用时将犯人横卧台上于刀上，加以极重之压力刀下而头落矣。此种方法最迅速，而且确实斩首之具当以断头机为最善。

夫死刑本非良善制度，故其执行方法不必细加研究。苟不废死刑，则无论用何方法皆可。然现在之议论，皆以执行死刑宜迅速且确实。迅速以使死者少受痛苦，确实则以防其不死。据此则用绞之烦，难当用机器或多费用，不如用斩之较为简单、爽快也。

绞首之后，往往有复苏之虞。日本前此曾有之。故《监狱法》规定绞首之后，当为检验，经过5分钟始解绞绳。观此则知绞首之法，实不完全。

至执行死刑之人，日本以监狱之下级吏员。自执行之他国，则另有专门之人，执行不似日本之以官吏执行也。

如前所述，在监狱内设刑场，于改良感化之宗旨已大相剌谬，① 而又使监狱官吏执行死刑。夫监狱官吏本有改良感化之任务，乃使之从事于执行死刑，是与其性质大相反而恶，影响将及于犯人是，乃极不善之制度，万不容不废去者也。

---

① 大相剌谬：大相径庭，指极为不同。

辛、作始末书

执行死刑终后，审判厅书记须作其始末书，与临场官吏同署名、盖印（《日本刑事诉讼法》第 321 条）。

往时执行死刑之后，必须榜示公告其事项，而今日则废止焉。

【按】榜示公告事项，如死者之氏名、年龄、籍贯、其所犯罪与其年月日等，皆明示之，贴之审判厅外，或犯罪地，或犯罪人住所之三处，现已将此法办废去矣。

壬、遗骸及遗留物之处分

刑死者之遗骸及遗留物，概依一般在监者之例，适用《监狱法》中关于领置（第十章）及死亡（第十三章）之规定；刑死者之遗骸，据《监狱法》第 75 条得付解剖。

【按】刑死者之遗骸及遗物，依一般在监者病死之例，而处分之。《日本监狱法》第 75 条（规定），受刑者之尸体得付病院供解剖。此所谓受刑者，指受自由刑病死及受死刑者而言，不专指死刑之人也；其解剖之用意，在研究医学毫无行刑之性质，亦非国家对于受死刑之人可随意处分之也。

日本于受死刑者之遗骸，如其亲属请求交付，可交付之；至德国受死刑执行者之遗骸，可以付之亲属，但须付以条件，不能用盛大之葬式。日本则不过问也。

第二章
自由刑

第二十六项

执行自由刑之处,名曰"监狱"。监狱乃实质的行刑之机关,属于行政权之主管,与立法及司法相鼎立,而所以使国家刑罚权实行之设施也。

监狱有实质的及法制的(监狱)二意义:实质的监狱,乃专指执行自由刑之机关而言;其(它)包含拘禁行刑以外各种人(被告人死刑者、民事囚惩治人、被罚者劳役场等)之处所者,名曰"法制的监狱"。法制的监狱,早晚终不得不变为实质的监狱也。

【按】执行自由刑之处名曰"监狱",此就日本言之。西洋各国历史上亦有与此相当之名。

惟近今各国以历史上"监狱"二字不善,思改良之,而易名曰"ヌンチンシエトル"(宾天歇儿),英、德文皆如是;而实由拉丁文"ヌンタンス"(宾宜但斯)一语而来,译之即忏悔之意。

夫监狱为实质的行刑机关,属于行政权主管而与立法、司法权相鼎立。有实质的及法制的二意义。实质的意义,专指执行自由刑之机关而言;而近时各国法律制度上于被告人死刑者、民事囚惩治人、被罚者劳役场等之处所亦谓之为"监狱",是为法制的监狱。就现在各国之大势论,多欲将法制的监狱变为实质的监狱,即专以监狱为执行自由刑之机关;而其余种种拘禁行刑以外之各种人者,概置之监狱之外。各国之方针皆如是,不如此不足以达改良监狱之目的也。

第二十七项

刑之实体厥在行刑,①而后始能全刑之实施之效果。故关于刑之大纲事项,要以法律显明正确而规定之。若不据法律之规定,则不独紊乱刑制之统一,②使行刑流于专恣而已,③即立法所预期之目的,亦终不能达其万一也。④

所谓关于行刑之大纲事项者,即一监狱之种类,二监狱之监督及组织,三收监之要件,四拘禁之方式,五检束之方法,六教养之事项,七卫生之保障,八情愿及其他私权之保护等是也。⑤

【按】刑之实体,厥在行刑。此德国ホルツユンドルフ(霍尔真特尔弗)氏之言也。盖有行刑,而后始能全刑之实现的活动。非此则刑事制度之目的不能达,故行刑极为紧要。

夫刑法既由法律规定,则行刑亦不能不以法律规定之。假使不从法律之规定而用行政官之命令,则刑之基础终难确实,而易于变动;不惟刑法不能统一,而立法之目的亦不能达。

各国中坐此弊者多,而德国尤甚。其刑法本有统一之规定,而行刑均以行政命令行之。因此,同一刑罚各联邦中有失重者、有过轻者,非特不能公平,即刑法亦断无统一之时,此前事之可鉴者也。德政府知其弊,于1876年提出《行刑法草案》于议会,

---

① 厥:乃。
② 不独:不但、不仅仅;紊乱:混乱。
③ 专恣:专横放肆。
④ 万一:万分之一。
⑤ 检束:检查约束;教养:教育培养;情愿:请愿。

未能通过。此原于欲颁布行刑法，①非先改良监狱。不可改良监狱必另行构造，②一时不能办到，故未通过也。其后深知刑制不一之不善，于1895年复定有行刑准则，各联邦照此准则行之，然亦未能一律完备也。

夫行刑制度极其复杂，而范围又甚广；若必皆以法律规定，恐随时变易亦觉未便。故惟以法律定其大纲而已。

第二十八项

行刑之要，在于各个人之待遇。因各个人之待遇适当、完全，而后始能期刑之公正、挚实及教化之要，③妙此。④监狱行刑所以必须专门理论与实际之修养也。

【按】自由刑所最重要者，在于待遇个人之活动。⑤此种待遇因个人而各异，宜求其完全而适当。

现在刑法之目的，重在个人主义而不在犯罪之事实，既重在个人。则凡入狱之人千差万别，因身体之强弱、年龄之大小、性质之善恶而为种种之待遇。如对于年老者待之稍宽，年壮者待之较严，因人而异；不如是，不足以达行刑之目的，而使监狱期于改良也。

从前监狱所以不能改良，才以重在犯罪事实。无论何等人皆予以同一之待遇，与今日大异。

夫刑罚有三要素：一为公平，二为挚实，三为教养公平者，

---

① 原：本来。
② 构造：建造。
③ 挚：通"鸷"，凶猛；挚实：严厉确实。
④ 妙：绝妙、妙处。
⑤ 待遇：对待、礼遇。

无畸重之弊。挚实者，严励之意；至教养尤为三要素中所最重者。必备此三要素，而后刑之目的始达，而监狱因以改良焉。

夫自由刑如不重在个人主义，于犯罪之人皆予以同一之待遇，则执行之亦甚易。如监禁3年或4年，无论何人皆可执行，不必要有专门学问以研究之。惟重在个人待遇之活动，千其人者，千其待遇以求达公平、挚实、教养之目的，而后自由刑之执行乃甚难。故不得不有专门行刑学，以研究之也。

夫监狱乃一小天地、小社会地方，虽小而社会种种之情状皆备。故学者有谓"监狱为世界之缩写图者"。而德国学者霍尔真特尔弗氏且谓监狱学为"凑合的科学"，① 以其合经济学、法律学、教育学、卫生学与夫农工商等实业学而成千变万化，非常复杂。故研究之至为不易也。

监狱中个人之待遇既因人而异。即以小监狱论，亦有五六百人，此五六百人即当与五六百种之待遇，此固所希望者。然事实上恐不能办到，惟虽不能于一人予以一种之待遇，而为监狱官者亦当分别其犯罪之种类，而各予以待遇。以犯罪中有偶发的犯罪、习惯的犯罪，且有以犯罪为职业而谓之职业的犯罪者，此三种犯罪，刑法处分之轻重各异。如习惯犯罪轻于职业犯罪，而重于偶发犯罪，罪之轻重不同。故其待遇当各异，能于此各犯罪中分别个人而待遇之尤善。即使不能，则如前述之犯罪种类亦万不容不分别之也。

【谦按】自由刑者，威力之教诲也。以教诲言之，人类之聪明才智尤为万有不齐；极端言之，必人各施以适当之教授法，而后

---

① 凑合：拼凑、聚合。

可以得教诲之实益。① 然事实上乃必不能之事。

故现在各国教授方法，亦不过分别学之种类、学之等级及学之年级如是而已。以万有不齐之人，仅施以数十种之教授方法，此亦无可如休之事。

故今之监狱与其于一监狱内分别各种犯罪，不如就犯罪之种类或一种或数种而各为一监狱，似执行者较易为力耳。②

第二十九项

自由刑分为惩役、禁锢及拘留三种（《日本刑法》第12条、第13条及第16条）。因行刑实质之异，故别其刑名以全立法之精神。

此所以有区别，行刑处所之必要，不独监狱之名称相异而已，且须各有保全其实质独立之设备也（《日本监狱法》第1条）。

以刑名区别监狱之外，尚须因全行刑要义之必要，以犯数、刑期、年龄、男女、健康等关系区别监狱；以惩治场、民事监劳役场等认为监狱之一种之法制，乃戾于法理不得其宜之政策。③ 此近世之定说也。

【按】日本新《刑法》分自由刑为惩役、禁锢、拘留三种。至（日本）旧《刑法》与《法国刑法》自由刑之规定，有十余种；德国于上述三种外，另有所谓城寨禁锢者；④ 荷兰最新之《刑法》自由刑分为禁锢、拘留两种。然拘留本禁锢之最轻者，如10日、半月、1日是。理论上实不是为自由刑。故言荷制者，谓自由刑只一种，亦无不可。

夫自由刑之种类，各国因历史上而不同，然总以最少为善。

---

① 实益：实际好处。
② 力：发力。
③ 戾：违背、有违、违逆。
④ 城寨禁锢：囚禁在城寨。

如惩役与禁锢实可合而为一也。然日本法律上既明定为三种，则其执行自由刑之机关亦不能无分别。

所谓惩役者有强制劳动，禁锢则否此分别，由历史上之沿革而来。古时轻贱劳动，故以劳动与否分别待遇之优劣。至于今日以劳动为神圣行为，有劳动之义务，即有劳动之权利；若不使之劳动，则其苦有过于劳动者。且以日本实验言之，禁锢之人往往有要求劳动者是。实际上惩役、禁锢不分，而法律上仍分之，为不当也。

中国新《刑律草案》自由刑只徒刑一种，又皆强制劳动，实为进步之法律。

夫日本既分自由刑为三，则其执行机关亦不能不以类区别。故《监狱法》第1条即有惩役监禁、锢监、拘留监之分，视其所犯何罪而分别监禁；所谓以刑名区别处所，又以保全其实质独立之设备也。

监狱之种类，不但就刑名分别之；更当就所犯之次数、刑期之长短、年龄之大小、男女之两性、身体之强弱等本此种种而为分类，以全行刑要义之必要。

至如以惩治场、民事监劳役场认为监狱，则甚戾乎法理。惩治场，乃置不良少年于其内使之作工；民事监，乃拘禁民事被告人；劳役场，则以处不能出罚金者，使其作工以抵罚金。此三者皆无有自由刑执行之性质，本非监狱，而以之等视实谬论也。

第三十项

监狱宜属于内务行政所管，抑宜属于司法行政所管乎？不独议论纷纷不一，即各国之法制亦互异。要之当谋监狱所管之统一，且须使监狱关系与行政事务圆滑连络耳。①

【按】监狱事务应属于何种官署管辖？各国办法不一。美、法、俄、意以监狱属于内务行政官署；荷兰、比利时、澳大利亚及德联邦中数小国以监狱属于司法行政官署；德国联邦中最大者为普鲁士，则将监狱分为二：以一部分属内务行政，以一部分属司法行政焉。

由此言，这可见大国制度则以监狱属于内务行政官署，小国制度则以监狱属于司法行政官署。至于日本，从前本属内务行政管辖，后乃以之属司法行政及今仍之。

然无论属于内务行政或司法行政，均须谋监狱之统一，若普鲁士之分别办法，不足取也。

第三十一项

监督监狱之方法宜最注意巡阅监狱，巡阅属于监督权之发动。② 故非主务行政长官及受其委任者，不得为之也。

【按】巡阅监狱，为监督（监狱）方法中之最要者。由管理监狱之大臣发命令派人巡阅，其次数以多为善。日本则两年巡阅一次为数太少，且派去巡阅之官吏必需深通监狱学者而后可。否则，虽有如无，无益也。

第三十二项

监狱乃代表国家刑罚权之机关，故非国家之官吏不能有掌管监狱事务之职权。此所以有划定监狱官吏之种类、名目、职制之必要也。

---

① 圆滑：密切；连络：联络。
② 发动：启动、适用。

【按】监狱为国家机关,即代表国家刑罚权之机关。故非官吏不能有掌管其事务之职权。如使官吏以外之人掌管监狱之任务,是变公家机关而为私人机关也。

监狱作业之制度有官司业、有受负业、有依托业三种。① 官司业者,原料、工费皆由公家任之,② 而犯人所盈余之工资,亦以入官;③ 依托业者,由外人托监狱代作工业,然其管理权及收入之,仍归之于公家;至受负业,则以官吏以外之人包办其原料,包销其工作,惟给与定数之报酬以供监狱。如此办法,受负者必有干涉监狱之弊。故狱中不宜用受负业,以公私性质不合也。

夫监狱惟由官吏执掌,故《日本监狱法》上于官吏之种类名目、职制皆划定之;各国皆然,不过各国以命令规定甚详,而日本以法律定之,则甚简单也。

第三十三项

监狱中非具备证明入监狱者资格之文书,不得收容之(《日本监狱法》第11条)。

盖所以使监狱保其独立机关之体,而且防其陷于专恣、变通之弊也。④ 监狱因其种类之不同,又各有互异之一定收容规则。若反乎此规则者,虽具备证明入监资格之文书,亦不得收容之也。

【按】入监之人约分两种:一为刑事被告人,一为受自由刑

---

① 负业:副业,即主要生产以外的其他产业;委托业:接受委托的工作;官司业:官办产业。

② 任:担负、承担。

③ 官:公家、监狱。

④ 变通:不拘泥成规。

者。刑事被告人之入监，必有令状；受自由刑者之入监，必有判决宣告书及判决指挥书。宣告书由审判官为之，指挥书则由检察官为之；其令状亦有种种，曰呼出状、勾引状、拘留状、逮捕状。而刑事被告人之入监证书，惟指拘留状、逮捕状言之，他不与也。

夫监狱乃独立之机关。如有犯人虽经审判官判定为应入监狱者，监狱官吏不得而知，故必备有入狱资格之文书，而后得以收容；若无此文书，则审判官与检察官可随意命人入狱，其势必流为专恣，① 用文书即所以预防其流弊也。

且因监狱之种类不同，而其收容之规则亦异。虽具备文书，然如应入男监者入之女监，或应入刑事被告监者入之受刑监，则皆不可。

再者，禁锢与惩役监本不同。即同一惩役监而其中又有成年监与幼年监之分，初犯与累犯之别。如有错误，亦不得收入。此又因收容规程之各异者也。

监狱中除有证明书之外，其他之人绝对不得收入。惟有例外，如妇女入监者有未满一岁之小儿时，此小儿本无入监资格，然因其母便于乳育之故亦许之入监。此法律所明认者也。

第三十四项

自由刑以刑之宣告确定时，即执行为通则（《日本刑事诉讼法》第319条）。然若有使受刑者自觉预期以外之苛酷或宽大之虞时，或有不能自觉处刑意义之虞时，则当一时停止其执行焉。

自由刑之执行，以刑之宣告确定时执行之，此为原则。然因有一定事实不能不停止执行。例如，受刑者自觉超过预期以外之苛酷或觉有宽大之虞，以为越于法律之当然程度时，或受刑者不能自觉处刑之

---

① 专恣：专横恣意。

意义时，有此情形已不足发生刑之效力而达刑法公平之目的。故当一时停止其执行也。其停止之理由，分为下之三种：

甲、本于必要的理由之停止

如罹精神病者，及罹因刑之执行有危险于生命之生病者，皆必要上不得不停止行刑者也。

【按】患重病者更加以刑，则必死是；在他人觉其轻重相宜者而患重病者，则有预期以外之苛酷；罹精神病者，如疯狂等其精神本瞀乱，[①]不自觉处刑之，意义虽加以刑亦无益如是，而处刑与刑之目的相违。

夫自由刑之目的本在剥夺自由，今使患重病者有生命之危险与处死刑无异，精神病者不觉处刑之意义即失刑罚之效力。此皆必要上当停止行刑也。

乙、本于便宜的理由之停止

监狱之设备，认为不能对于受刑之健康状态为适当之待遇时，则为谋监狱及受刑者之利益，便宜上得一时停止其行刑。妊妇、产妇、传染病者在恢复期之重病者等之类是也。

【按】监狱之设备本为普通人而设，若妊妇、产妇、传染病者等项皆有特种之情形置之监狱，即不能有适当之待遇。如以妊妇而入监狱，非特监狱内不能为。

种种之设备，且一切严重之法律势亦有所不能加，产妇亦然；又有传染病者，设亦听其在狱非特有危险之虞，且于本人亦殊为苦楚；在恢复期之重病者亦然。恢复期重病者，即重病新瘥之

---

① 瞀乱：昏乱，精神错乱。

人。^①若遇有此等犯人，为监狱与受刑者之利益计，便宜上实以暂停行刑为当。然监狱内所以不为此种设备者，亦有理由。

夫使一切待遇之法，皆各各完备，恐贫小之家遇有妊产等事或且有故犯罪，以希图种种待遇。行之既久，而监狱且成为贫民病院矣。

至传染病之人置之监狱直接既传染于各犯人，而间接且流布于社会，贻患恐非浅鲜。故亦以暂行停止为当。此等办法，实隐谋社会之利益也。

丙、本于酌量理由之停止

有使受刑者或其家族，受刑罚目的以外之损害之虞时，则酌量其事情得一时停止其行刑。

【按】执行刑法者，所以达刑之目的也。若刑罚目的以外有损害则非刑罚本来之目的。例如，家无兼丁一子入狱，^②则父母失养，必至饿毙。此等损害即出于刑罚之目的以外，应酌量停止其行刑也。

又如因执行自由刑而致贻害于他人、于社会、于国家者，亦当准此办法。例如，银行之管理人因犯罪当入狱，而适当年终之际，该银行必有此人为之结算账目，否则银行之数目不能结清。一般与银行交易之人亦将因之受害，则宜暂停止其人之入狱。

又如官吏为国家办事适当吃紧之时，^③而犯入狱之罪，如使递与执行则重害其人之身份，且其害于国家者尤大。故亦宜酌量而停止其行刑。俟其任务既终后再行处罚，此亦法律上之情理然也。

---

① 瘥：久病初愈。
② 兼丁：其他儿子、别的儿子。
③ 适当：正好、赶上；吃紧：紧张。

以上三种情形，在古时本以任意主义为一切制度之根本，故此等停止行刑理由往往有之。而至近世一切以法律为励行之，具称为法治国，则原情酌理之事几乎绝迹。① 然法律虽复严重，② 亦不可不略示通融。故近世法律进步虽酌量之事日少，而愈益进步之后即酌量之事又不能无。

日本在明治维新以后，前记之三种停止行刑之理由概乎无之。至去年改正法律《刑事诉讼法》，乃有前记甲、乙两种之停止规定，而丙理由仍付阙如。③ 然《刑诉法草案》中则有规定，如"刑ア目的トス以外ア不利害チ受ケシムルノ恐レヌル场合"云云。不过未实行耳。

第三十五项

停止行刑之理由又兼为中止行刑之理由。行刑之停止及中止，属于实质的行刑之要件。故可以《监狱法》规定之。

【按】指挥之权限属之检察官。检察官查有当停止行刑之理由，即当指挥而停止之。此停止行刑之理由，亦兼为中止行刑之理由。例如，在未入监狱以前，则当停止；如在既入监狱之后，则当中止也。

中止行刑属于典狱之权限，故停止行刑多规定于《（刑事）诉讼法》中，而中止行刑多规定于《监狱法》中。

《日本刑诉法》规定，停止事项包含停止与中止是。中止事项亦属于检察官之权限，立法殊为未合。盖停止事项属于检察官之

---

① 原情酌理：即准情酌理，指依据情况，斟酌事理。形容从实际情况出发，对已发生的事情或问题作出合乎情理的处理。
② 严重：严谨持重。
③ 阙如：缺失。

权限，中止事项则应属于典狱之权限，当规定于《监狱法》中也。

第三十六项

虽具备证明入监资格之文书，而监狱尚有可以拒绝收监之时。如各种传染病者、不洁者、醉酗者等是也。

【按】此外，传染病指初时不觉后乃觉之者，不洁者即传染病之原因，合之醉酗者三种，虽有证明入监文书，而监狱官吏可以以上各种理由拒绝之。盖当检察官指挥命令时，尚未知有各种情形也。

日本只规定传染病一种，欧洲各国三种皆规定之。

第三十七项

监狱、拘禁之方式大别，为杂居制、分房制、阶级制三种。

杂居制之最进步者，为夜间别房制。

不分昼夜一房拘禁一人者曰"分房制"。分房制有严正的分房及宽和的分房之区别。然在今日，则一般以宽和的分房制为是也。罪恶传播之弊，非用分房制终不能防止之。

阶级制者，乃以阶级法适用分房制与杂居制，而以假出狱连接之方法也，或名之曰"采点制"。阶级的待遇，虽行刑教养上必要之手段，然不得谓非用阶级制即不能实行也。假出狱初，不过属于阶级制之一行刑手段。自法国刑法采用之以来，各国相继仿之；驯致不问狱制上用阶级制与否，①概以之为独立的行刑法，规定于刑法之典之惯例。假出狱（《日本刑法》第 28 条），乃对于长期因之一种宽大形式之行刑法。故虽受此处分者，仍不能脱实质上受刑者之资格也。

---

① 驯致：驯至，指逐渐达到、逐渐招致。

【按】监狱拘禁之方式最古而不足取者，厥惟杂居制。而杂居制中，又可分为三种：一为非分类者。乃最古而最行弊害之办法；二为分类者。其中有大分类、小分类。大分类人数较多，小分类则人数较少也。是故杂居制中，最初为非分类者；稍进步，则为分类中之大分类者；又进步，乃更为小分类者。

日本现在办法，尚采用小分类之法；再进步，则为昼间杂居、夜间分房制。此夜间分房即为分房制之起源，而为改良监狱之嚆矢。①

1711年，罗马皇帝苦列曼斯在三密雪儿地方设一监狱，即为夜间分房制。至于不分昼夜皆为分房制者，则起于北美。当1790年，曾在费府地方建一分房制之小监狱，②实为分房制之初祖，然规模甚大。迨至1819年，此制始臻完备。因其起源于费府，故分房制亦称"费府法"。

分房制中有严正分房及宽和分房二者。费府初创设之时，用严正分房法。每人一房，前半住居，后半运动，不得出入，不使作工，亦不得有人窥伺；③若万不得已而须出房，其头上亦须罩以黑布，使不能见种种事物。此严正分房制之办法也。

至宽和分房制，则因人亦许作工、运动亦不在房内，另有运动场集各囚人，而运动之；惟各囚人中，仍用木板等隔开，各不相见；教诲时亦然。虽老师得蒙面，囚人与囚人则无从蒙面也。此等制度虽称宽和，在今日观之仍为严正。比利时与德国均采用之。

盖在监狱中实以宽和的分房制为善。此今日监狱学家研究之

---

① 嚆矢：响箭，发端，开始。
② 费府：美国费城。
③ 窥伺：暗中窥探监视。

结果，与万国监狱协会之决议，皆如是主张也。

夫一般学者每称监狱，为养成犯罪之学校，集许多犯罪之人，而处之一室势必至互相研究；而初犯者亦必成为累犯之人，即犯罪方法且必日进而月益矣。①群居终日即良善之人，亦不能必其为善，何况犯罪之人乎？观此而杂居制之所以不善，而分房制之所以不能不用者亦可知矣。且也用分房制，不惟可以防止罪恶之传播，即刑法之要义亦赖是以达。

夫刑法之要义在乎公平、严正，实质必公平。故各个人必有各个之待遇始获其平。若聚处于一室，在资格稍高之人觉所受己苦，得以生其俊悔之心；②而下等之人，或反觉所受之无他，则刑罚殊未得其平矣。又用杂居制，设有时过于严厉，或且有暴动抵抗之虞，则严正之道失。惟分散之，则彼无从聚谋为抵抗之事也。

至于在狱之教诲，必当使受者改悔其所为，所谓挚实是也。而杂居制则不能达此目的，固有良善者已生改悔而怙恶者唆使为非者矣。此皆杂居制必有之流弊也。

杂居制（除）分房制之外，更有阶级制。此制起源于英国，先分房而居之数月之后乃使杂居，又数月乃为假出狱之处分前后蝉联，如阶级焉，故曰"阶级制"。

阶级制起于英之爱尔兰，地方发明者为クスロトン（苦罗司董）氏，故亦称"クスロトン"式，英又称为"采点式"。

采点式者以此制实分三级，其升降均以囚人之分数定之；得若干分者，以次递升，否则以此递降也。此阶级制中之分房与分房制之分房不同。前之分房制使囚人作工，当得利益；阶级制中之分房制，则惟予以痛苦，而无利益和置空车或铁块于房中，使

---

① 日进而月益：日新月异。
② 俊悔：特别后悔。

之终日运转,有劳动而无结果乃空役也。①

杂居之后,犯人如能改良即放之出狱,是为假出狱。假出狱制度其先本与阶级制相连结者,及后法兰西采之乃以之为一种独立制度。迄于今日各国刑制上,皆有假出狱之办法也。

第三十八项

纪律者,行刑之生命也。非善于励行之,则不能全刑之伤害的意义。

专(论)关于纪律之事项,名曰"检束"。"检束"之要,在使受刑者因被强制绝对服从于法之秩序之下,自知个人之意思、势力终不能与至大之国家威权相对抗,此戒具及惩罚之所以必要也。② 而其种类方法及适用之际,亦当规定之(《日本监狱法》第19条、第20条、第59条、第60条)。但违犯纪律之行为若构成犯罪时,则当付刑法上之处分,固不待言矣。

【按】纪律者行刑之生命,无纪律即无行刑;能励行纪律而后伤害之意义,始能完全。所谓伤害之意义,谓本人因服从纪律之结果自觉其伤害,非以伤害加之也。必如是,乃为文明之刑罚。

夫一般良民之生活已不可无纪律,犯罪者之所以犯罪,即因不能遵守纪律。故其在狱当使之服从纪律,使异日出狱幡然改良。③

关于在狱纪律之事项,名曰"检束"。"检束"者,使犯罪者绝对服从法之秩序,自知个人之意思、势力实不足与国家抵抗;

---

① 空役:没有劳役。

② 戒具:监所管理人员或警察,用以防止人犯脱逃、自杀、施暴或其他扰乱秩序行为的工具。

③ 幡然:迅速而彻底。

然后深知检束之意义，而达纪律之目的，惟其如此。故戒具之种类、惩罚之方法并其所以适用之者，《监狱法》中均规定之也。

又违犯纪律之行为，有时亦可构成刑法上之犯罪，如第违犯律，①可加以监狱内之惩罚；若构成犯罪，则当送致审判官加以刑法上之处分；假使既违纪律而又构成犯罪，将从一科之乎抑并科乎？以理论言，既受刑罚上之处分则不必再加惩罚。而《日本监狱法》则采并科之办法，殊未当也。

第三十九项

检束与教养在监狱行刑上，当互相表里。检束虽亦广义教养之一种，然专有教养意义之行刑手段，则唯作业、教诲、教育之三种而已。

以作业之有无为区别刑名之标准，不独与近世认劳动为圣神之思想不能相容，且可谓不通监狱行刑之实际者也。

作业要赋课、具备生产及卫生之要件，②且与个人关系相合之种类（《日本监狱法》第24条）。

作业施行之方法，分为受负业、委托业、官司业三种。虽不免各有利害，然受负业多有不能全行刑要义之大点，故务宜限制其施行之范围。

作业之种类大别为内役及外役两种。外役不能全剥夺自由之要义，当限制其适用，固不待言。即选择就业者时，亦当附以严重之条件。内役中务宜采用手工业，勿用机关业。③

就业者中若有行状方正、作业精励者，④当交付以赏与金。赏与金

---

① 第：屡次。

② 赋课：纳税。

③ 机关业：指机器作业。

④ 行状方正：做事公正；精励：精勤奋勉。

之性质与赁钱、工钱异。①赏与金必俟交付于本人以后，始发生本人之所有权也；作业之收入以概归属于国库为原则（《日本监狱法》第27条）。然以其一部（赏与金计算额之利息）充行刑上之利益，②如保护免囚、扶助遗族之费用之例，亦非鲜少也。③

【按】监狱之中，一面用检束，一面即当加以教养，两者相为表里。

广义之教养即检束亦含在内。至狭义之教养，则指作业、教诲、教育之三者而言。

作业为教养中最要者，且为行刑之要件。以作业之有无区别刑名：有定役者为惩役；无定役者为禁锢，甚觉不合。

以今日以劳动为神圣思想，如以劳动之有无区别刑名，理论上、经验上皆觉不当已。

如上述作业既为教养手段中之重要者，故必具备生产及卫生之要件，如前述之英国分房制；第有空役，④则不合乎生产及卫生之要件也。

夫作业之目的既在教养。故目的并不在利益，但既以生产为要件，其结果则当然有利益。

作业施行之方法，分官司业、委托业、受负业三种。既如上述以受负业为最不善，以其以个人而干预监狱也。然为经济起见，亦不能全废。不过用时，当严定其范围而后可。

又作业之种类分内役、外役。内役者在狱内作工，外役如使之在外搬运物件、修理道路是也。外役不能全剥夺自由之要义，

---

① 赏与金：赏予金钱；赁钱：租金；工钱：工资、报酬。
② 利益：开支、花销。
③ 免囚：被释放遣送的囚犯。
④ 第：但。

既放之出狱是予以自由矣,且外役尚有种种弊害,即逃走亦属于弊之一者。虽不能废止,亦当限制其适用之范围也。

　　内役作工分为手工业与机关业。手工业者以手作工,机关业则只用机器不用手工也。世界进步,机关业至为发达。如用机关业利益甚大,而监狱内实不能用之:一则此等工业于本人无益,将来出狱以后除到工厂作工外,仍不能自谋生业,于作工之主目的未达;一则监狱内如用机关业,力量必大,出货必多,其价亦必较狱外售物为廉是,以狱内作工而夺小民之生计也。其不便孰甚焉。又囚人作业之后,必有所得金。

　　关于所得金之交付有二主义:一为权利主义,二为恩惠主义。权利主义,即作工者与他之作工无异,亦当予以工赁钱也;若恩惠主义,则非当然得此工赁钱,不过国家为其勤勉起见,而由恩惠行为予以金钱。恩惠主义所为谓"赏与金",是权利主义所谓"债钱、工钱"是。

　　日本从前采权利主义,去年改正法律始采恩惠主义,与理论甚合。

　　以囚人作业不过为行刑之手段,非当然有权利。各国亦多采恩惠主义,惟法、荷采权利主义既采恩惠主义,则以赏与金与囚人时,当使之备品行端正及勤勉二条件;若采权利主义,则作工者应得钱不必要备此两条件也;且也以赏与金言,必须交付以后始发生所有权,若用权利主义则作工之后即有应得之权利,而所有权即发生。此实两者不同之点。

　　现在办法,凡囚人之得赏与金者非作工后即交付,须俟其人出狱时方与之,而所得之利息则作为种种公益之费。假使采权利主义,则利息亦须交付,不能如此办法矣。

　　以日本言,每年囚人作工所得之金钱,平均计之约有四五十万,其利息至少有一二万,分配于各囚人每人不过二三元。

留之以为保护免囚等费用，其为益莫大焉。

又监狱中之囚人以长期刑言，有历9年10年而出狱者，其所积工钱至少有百余元。如采权利主义则出狱时必一概与之，势必种种浪费及以此为再犯之资。若用恩惠主义或与或否，权在监狱；其初出狱时，可略给与川资，出狱后，能营生业再给予以补助之。此办法至为有益也。

第四十项

教诲者，教养精神之意义也，指专以宗教或伦理开发，保护其德性之手段而言。教诲须继续为之，不可有间歇性。故有定时说教或讲话之必要，固不待言。

此外，尚当常就各个人，① 不绝加以开发保护其德性之适当教养也。②

【按】犯人多无德性，教诲者在开发保护犯人之德性除定时说教外，教诲师尚宜随时视各个人之本性如何与其所长短，而救正之，③ 而后始能开发保护其德性，亦即近今所谓"监中重在个之待遇"也。

第四十一项

教育者，教养理性之意义也，指开发、助成普通国民所必要之知识之手段而言。④ 对于一定之人，如年少者等，则当强制教育之；其他，

---

① 尚当常：还应当经常。
② 不绝：不断。
③ 救正：纠正、匡正。
④ 助成：促成。

则唯使得沐此惠而已，① 知阅读书籍，亦属于教育之范围也。

【按】于教诲作业之外，尚有所以改良囚人者，即教育是。

夫教诲所以养成其德性是；为德育教育，则为养成共智识，是为智育。凡不良少年之无教育，而又以教育为不可缓者，② 则当行强制教育。《日本监狱法》（规定），于18岁以下之少年必强制教育之，至18岁以上则不必强制教育也。

就日本言，监狱中教育之范围甚狭，西洋各国则凡狱中之囚人以强制教育为原则，其不教育而出于例外者，如年在30、40以上或受短期刑在3月以下，均不必教育是；教育之范围较日本为广。

此外，如阅读书籍亦教育之一法。现今文明各国监狱中皆设有图书馆，而置种种有益之书以备囚人之检阅，皆为开发国民知识之手段也。

第四十二项

拘禁者，本于国权之强制，专以剥夺自由为目的者也。关于拘禁之一切费用，国家当然有负担之责任，且拘禁之结果不得使本人健康上、生命上受不利之影响；对于衣、食、住之保障、卫生规定之所以必要者，即为此也（《日本监狱法》第七章、第八章）。

【按】拘禁专以剥夺自由为目的，即言剥夺自由之外，其他不得有所剥夺。其生命或害其身体之健康，皆非拘禁之目的也。

古代之监狱其拘禁之一切费用，须由囚人自纳。是剥夺自由

---

① 沐：沐浴、得到；此：教育；惠：恩惠、还出。
② 缓：延迟、放松。

以外又剥夺其财产,与现今各国关于拘禁费用,均由国家负担者不同。

不但此也,拘禁之结果于囚人之衣、食、住等必使之合于卫生以保障之。如不合卫生使囚人之生命、健康受不利之影响,是亦出于拘禁之目的以外。故《日本监狱法》对此明有规定。

至如德意志因沿革上之习惯,每日令囚人出 40 スンニビ(合银元贰角)以为拘禁。① 揆之今日监狱之法理,② 殊不合也。

第四十三项

受刑者对于行刑之权能,有绝对的服从之义;而一面又有法令及人道所与之一定权利。故国家宜保护此权利,且不可不谋救济其侵害之道。

关于请愿(《日本监狱法》第 7 条)、领置所有对象及交付之规定,所以必要者即为此也。

【按】请愿者,如囚人受不当苛待,得请愿于监督监狱官署,以求救济之是也;领置所有对象及交付之规定,如囚人随带衣物等监狱官为之保存,及出狱时须交付之是也。

第四十四项

受刑者,非因恩赦、刑期终了及有职权者之命令,不得使之出狱。因刑期终了时,于终了之翌日释放之(《日本监狱法》第 68 条)。

当释放者若罹重疾时,因其请求,可以许其一时在监(同法第 69 条)。

---

① ベンピ:芬尼(Fennig),德国辅币单位,为 1% 马克。
② 揆:衡量。

【按】受刑者使之出狱有三种原因：一恩赦，二刑期终了，三有职权者之命令是也。恩赦，如大赦、特赦、减刑等。有职权者之命令，如当刑期未满之时，由检察官命令停止其行刑，或因囚人要求再审，再审后现其无罪，由检察官发命令以释放之，即为有职权者之命令。至刑期终了，《日本监狱法》规定翌日释放之，其释放之时法律无规定，然究以早放为是。德国之制与日本略异，其刑期不以日计算而以时计算，既用时计算则自刑期之开始，算至钟点完满即当释放。惟有例外，如其刑期时间到夜半始满，势不能于中夜释放或提前，①于日入之先释放之，或待至翌日日出时释放之。②

释放囚人，甚为重要。苟应放而不放，监狱官吏即构成刑法上之犯罪也。夫刑期终了可以预知其释放之日；若恩赦与其他命令，则不能预知。

而释放之际，又有交给衣服、给付赏与金种种手续，势不能立即放出。故法律上不可无特别规定。《日本监狱法》(规定)，凡恩赦到狱后，10小时内释放之；其他命令到狱后，12小时内释放之，以此为准备之时间。

若当释放之囚人因罹重疾不能出狱，则得其本人之请求，可以许其一时停留在监。除此等情形外，凡法律未规定者苟不释放，即成为不法监禁矣。

---

① 中夜：半夜。
② 日入：日落。

第三章
自由刑之利害

第四十五项

凡刑罚必须具备警戒、屈服、矫正、公平、反偿、伸缩、恢复、限局等可能性;① 若缺其一,已不足为完全之刑罚,况缺其数者乎?死刑、肉刑、体刑、追(刑)、放刑等,② 之所以认为不适当之刑罚者,职是故也。③ 而刑罚中具备必要之各种可能性,比较稍多者唯财产刑及自由刑两种,而尤以自由刑为最。于是可知,近世文明各国刑典上所以采用自由刑为主要刑罚,之非偶然矣。

【按】凡刑罚,必具备种种之可能性。

此可能性惟何第一为警戒?谓畏吓之使不敢再犯也。

二曰屈服,谓使犯罪者屈服于法律之威严也。

三曰矫正,谓矫正犯罪者之性质,强制之使之知所改良也。

四曰公平,谓使一般犯罪人觉其所受之痛苦,无甲无乙皆相当也。④

五曰反偿,谓被害者所受之损害或被害者家族所受之损害,

---

① 警戒:威吓;反偿:返尝,指受刑者如因受刑而有损害时,国家须认赔偿之责,或使其家族满足是也;伸缩:因犯罪程度之不同,而刑罚之程度亦因之而各别;恢复:即裁判官有判决之错误,而行刑之时能使恢复其未错之程度;限局:局限。

② 追(刑):对犯人家属进行刑罚;放刑:流放刑。

③ 职:由于。

④ 无甲无乙:不分轻重。

国家处犯罪者以刑而反偿之也。

六曰伸缩，谓以其犯罪之轻重为伸缩刑期长短之标准，或10年或20年是也。

七曰恢复，恢复与反偿有何区别？反偿者对被害者而言，恢复者对犯罪者而言；反偿乃加犯罪者以刑而以之，反偿于被害者恢复，则因裁判有错误使犯罪者受不应受之损害时，国家当予以相当之赔偿也。

八曰限局，谓刑罚之结果专限于犯罪者之一人，其犯人之父子、夫妇家族等不能因之而更受影响也。

以上所言种种可能性必须具备之后，始为完全之刑罚。如缺其一，刑罚之性质已不完全，何况缺其数种乎？

从前所用之死刑、肉刑、体刑、追（刑）、放刑等，近时文明各国皆不用之者，以其不备上述之各种可能性也。

即以死刑论，于警戒、屈服两种性质尚能兼备，而此外则均无。之以人至既死，固无从而矫正，之至公平则更无之。以病在垂危者，与夫年壮者较其受死刑之苦，趣各不同；① 更有视死如归者，则视死刑尤不苦也。

至反偿之性质，似亦有之。如杀人者死是，然近世文明各国多不主张此说。

以伸缩言，人既处死无论何种方法，亦同归于尽而已。何伸缩之有恢复？亦同死者不可复生，断者不可复续。② 此时实无从恢复也。

至于限局，虽曰受死刑者仅在一人，而家族等有因之困苦、

---

① 趣：志趣。
② 复续：又持续。

流离者，即其子孙亦必有为人所诟疾；① 而隐抱无涯之戚者，② 死刑之缺少（上述各种）可能性。如此，其他肉刑无不皆然。

盖刑罚中具此种种可能性者，实以自由刑及财产刑为多。而两者中尤以自由刑为最。故近世文明各国皆采用为主要之刑罚，亦其性质与死刑等本有不同也。

再析言之，自由刑之有警戒与屈服之性质固无待论，至矫正与公平乃自由刑重大之部分。自由刑本以矫正犯罪，而公平尤属其主要目的。惟杂居制公平之效果所得较少；若分房制则各有个人之待遇；惟当其罪，则实公平之至也。

反偿之性，自由刑虽不全备亦具有之。盖使犯罪者受自由刑，亦可以满足被害者之意思。

至伸缩为自由刑重大之性质。以自由刑期有短至数日或十数日，有长至10年、20年、30年者。或重或轻均由审判官伸缩之。

恢复则自由刑本不致人于死，即执行以后审判官发现错误，亦可以随时恢复。

限局之性以受自由刑者之家族论，虽亦有失利益之处，然不如死刑等之甚，则亦含有限局之性质在也。

观此而自由刑之性质可知矣。

【谦按】可能性之意义不甚显明，因未有以易之，故暂从其旧。

反偿性乃中国刑罚所最重。近今学说谓中国刑法为复仇主义，亦过甚之辞耳。但反偿乃刑罚作用之一种，偏重一端实觉未完备也。

---

① 诟疾：诟病。
② 隐：恻隐；抱：怀着；无涯之戚：无尽的忧伤。

第四十六项

侵害法之秩序者，究不外乎滥用个人自由权利之结果。此所以对于犯罪行为者，有当剥夺其自由之必要。故自由刑乃采反坐主义之手段也。①

而剥夺自由之程序，则宜斟酌犯罪行为之轻重及犯罪人格危险之大小，而决定之。

【按】个人各有自由权，如在范围内用之，固无所谓犯罪。惟滥用其权利，因之有害他人之自由，遂为构成犯罪之要素。

其害他人之自由者，即以自由刑处之亦是。自由刑乃最高尚，且最广义之反坐主义。

此反坐主义古时亦有之。如杀人者亦杀其身，伤人者亦伤之，其意义甚狭。自由刑则于害人之自由者，亦剥夺其自由，其范围较广也。故为最广义之反坐主义。

然其剥夺自由之程度，则当就犯罪事实之轻重与人格危险之大小而定。之不似古昔之处刑，专就犯罪事实以定罪之轻重；近时则除犯罪事实外，更须注重人格而分别用刑之轻重是，即为人格主义也。

第四十七项

自由刑之限制犯罪个人之自由，最当、紧肃、真挚、严正。使受其限制者，对于至大之国家威权，知自己势力之极微弱，且使其衷心、自觉以服从国家秩序之必要为要旨。

改良狱制之目的，即欲达此要旨耳。

---

① 反坐主义：诬告人应得的刑罚，反过来加在诬告人身上。

【按】紧肃、真挚、严正为自由刑中万不可缺之性质，且须使受其限制者知自己之势力，决不能与国家之威权相抗。

盖犯罪者常欲以其势力抗国家，故必使之自觉势力微弱，而后可非但强制其表面服从而已，更使犯罪者之心亦知当服从国家之秩序，而不至再犯罪为要旨。此乃改良监狱之目的也。如监狱不能改良，则紧肃、真挚、严正之目的终不能达。

近世学者所组成之改良监狱等会议，即为达自由刑之目的起见耳。

第四十八项

凡利之所在，弊亦随之。过于偏信自由刑之价值，苟有犯罪以为适用自由刑即足了刑制之能事，不顾罪质之轻重及犯罪人格之如何，徒以自由刑处分之。

而在他方面，又动辄以察察为明。[①] 偶有微罪、小过亦必检举之，遂至屡有滥用短期刑之弊。徒见犯人之增加，而未见狱制设备有相当之改良。一面使偶发的犯罪者变而为习惯的犯罪者，驱质朴无智之良民以入犯罪种族之群；一面又使冥顽不灵之习惯犯罪者，[②] 反生侮蔑国权、轻视法规之恶结果。于是，世人动必以此为反对自由刑之口实是。盖可以断言，为过信自由刑之价值，而误于利用方法之结果也。

盖自由刑犹如外科医术，以之为不得已之最后疗法，固属必要。然更以使其不留疮痍，[③] 而能达治愈目的之手段为最要也。昔者治士大夫以上之人，务养其廉耻心，虽有罪亦不轻易加以刑，专务以礼戒饬之。[④] 古制之中亦自有，所以妙用刑法之真理存也。

---

① 动辄：动不动、总是；察察：让警察分析辨别。
② 冥顽不灵：愚钝无知、不聪明。
③ 疮痍：创伤、伤痕。
④ 戒饬：告诫。

故画地为狱,①民尚畏之。于是,可知近世刑事政策上,要求务使犯罪者远乎狱门,之非偶然矣。

【按】自由刑之限制,犯罪理论上固为完备,即实际亦颇觉完全。盖使分房等制一一改良,其制度固可称完备矣。

虽然利之所在,害亦随之。使适用自由刑而不得其宜,亦将生出种种弊害。

盖自由刑之害,不在自由刑本来之性质,而在滥用自由刑。既有自由刑即以为万能主义,不论何罪均适用之,其罪之轻重及人格危险之大小皆所不问也。即如轻微之罪,从前多不论其罪者。

自警察制度发达后,亦送诸审判厅而受审判,审判官只能以短期刑处罚之。因此,短期刑之结果而受自由刑之处分者乃愈多,监狱制度一时又不能达改良之目的。因此之故,将使未曾犯罪之人变为犯罪者,即偶然犯罪者亦永为怙恶不悛之人。②此则滥用自由刑方法之弊害也。

又采用自由刑,不可无执行自由刑之机关,即监狱是;已真正采用自由刑,则监狱之建筑及设备皆须完备。而近今各国往往刑典上采用自由刑,判决时亦断以自由刑。然其监狱之建造与设备,则毫未改良。此亦自由刑弊害之所由生也。

夫自由刑有一定之范围,必视应受自由刑者为何等犯罪?始可以自由刑处之。犹之医治者,以外科医术为不得已之最后疗法。如能有他之方法可以达治疗之目的则宜,勿轻用外科医治。以外科必用刀割,刀割之后,病虽愈而伤痕宛然矣,③处自由刑亦然。

---

① 画地为狱,亦即画地为牢,古代在地上画圈作为监狱,使犯人站立圈中以示惩罚。

② 怙恶不悛:有过恶却不肯悔改。

③ 宛然:真切、清楚。

如有他种罚则可以矫正，则不如用他法，必不得已而后用自由刑。以自由刑用之不适宜，则弊害滋多也。

近世滥用自由刑者，对于种种犯罪皆处以自由刑，亦如为医生者对于各种疮毒皆滥用外科医术。故不见其利，而惟见其害。

古昔刑不上大夫，对于士大夫以上之人，务在养其廉耻。以其苟无廉耻，① 将何所不为。② 故士大夫有犯罪者，不易加以刑，惟以礼义戒饬，纳之于道德之范围，使其耻于犯罪。此正古制之妙用刑罚也。古人又有言，画地为狱，期不入。③

观此可知，从前用威吓主义，故言及监狱无不寒心；④ 然从他方面言，亦刑事上一种政策。盖使人人畏慎而不敢轻入监狱，则犯罪者自日见其少。反此使曾入监狱之人过多，其观念中或以为不过尔尔，⑤ 恐以后之犯罪者更有加无已矣。⑥ 此近今刑事政策所以要求，务使犯罪者远乎狱门也。

第四十九项

防止滥用自由刑之弊，且励行刑事政策之方法，其已为各国立法上所采用，或将来可以预期其普及者，即如便宜起诉主义、刑罚责任年龄之延长、幼年裁判所、感化处分之改良、未成年犯罪者之特别处分、短期刑之限制、赎金扩张、金刑及假出狱制之适用、保证制度、犹豫行刑、不定期刑家宅、拘禁地域限制、劳役处分设置、特别监、累犯者特别处分法等，是也。

---

① 苟：如果。
② 何所不为：还有什么事不能做出来呢？
③ 期：期待、期望。
④ 寒心：害怕。
⑤ 不过尔尔：如此。
⑥ 有加无已：不断地增加，而没有停止。

【按】上节所述，务使犯罪者远乎狱门，然果何道以致之？近时各国因滥用自由刑之故，不见其利而反觉弊多，犹之庸医妄用外科医术，使被治者不惟不能愈病，而反增痛苦。因之各国有鉴于此，乃设出种种方法，以防止滥用自由刑之弊害。正如戒于庸医之误人而勿药，①以求病愈也。

所谓各种制度，各国中有已采用者、有未采用者。其已采用者不过十数年，未采用者，数年后亦必采用之。其制度为何？

其一，即便宜起诉主义。便宜起诉与法定起诉相对待，法定起诉主义者，检察官据法律所定而为起诉之标准也。此古时皆用之，然其制实不便。夫固有一般常识，以为不必起诉之犯罪，果限于法定主义，则将以法文明定而不能不起诉矣。②若便宜主义，则检察官临时审查情形而决其起诉与否，因其犯罪甚轻或有其他情形以不起诉为（方）便者，则此主义实近优长也。③

其二，为责任年龄之延长。责任年龄，罗马法以来即有之。如对于8岁、10岁、12岁以下之犯罪者，以其年幼无责任，虽有罪不加刑焉。然其定为12岁、10岁等则责任年龄过短，此时身体、知识之发达未能完全，即有所犯亦当以教育施之是，宜致之于教育之范围而不宜致之于刑罚之范围。况乎人类不齐上等社会之幼年人或稍有知识，若中下等社会之幼年人，即至十五六岁尚有毫无知识。故近时各国增长责任年龄或主张16岁或18岁，必过此年龄。而后有为出生年龄，为法院裁判所遵循。

其三，为幼年犯裁判教育。为幼年犯裁判教育，即裁判所以教育裁判幼年犯罪者然。然虽名为裁判而其裁判之结果并不加以

---

① 勿：勿用、不用。
② 法文明定：法有文明规定。
③ 实近：实际接近于；优长：优异。

刑罚，乃纳之于教育之中是。犹患病者不以医生治疗之，而另以他种人调养看护之也。近时各国多采此制。其所以设立之原因，以普通之裁判官惟知适用法律，而幼年犯罪者非其本性之不善，乃因社会之情形或教育之程度不及所致。此时自当以教育为重。故审判官不专重法律知识，更当有教育方法，惟求有经验于教育之人充之，对于此等幼年犯罪者俨如父子、师弟焉。① 其犯人有不感奋者乎？！②

其四，为感化处分之改良。感化处分之改良，即感化院是。感化院之组织有学堂式、兵营式、家族式等。若求感化组织之改良，则以家族式为最善，以所以感化者亦得便宜焉。

其五，为未成年犯罪者之特别处分。所谓特别处分者，谓处分未成年者与处分成年者异。在成年者宜处以自由刑，对于未成年者则惟加以谴责而不置之监狱或分别刑（罚）之种类。如应处惩役者，③ 而因其未成年之故处以禁锢是也。

其六，为短期刑之限制。因滥用短期刑之故，而自由刑之弊害遂生。近时各国皆知其非，故加一短期刑以限制，最短者不得少于一月。因此，裁判官不能滥用短期刑，必视其犯罪稍重者而后处以二三月以上之短期刑，庶因有限制而将来犯罪之数目少也。

其七，为赎金。赎金本系古制，犯者听以金赎罪，④ 现在无之。然此法亦有时可用，当以其情节而定，不得以为换刑之处分而全废之也。

其八，为扩张金刑及假出狱之适用。近世各国刑制上亦有罚金，然不过以之为附加刑，即附加于自由刑，而并处之。夫罚金

---

① 俨如：宛如、如；师弟：老师与徒弟。
② 感奋：因受感触而精神振奋。
③ 役：劳役。
④ 听：顺从、愿意。

亦有利益，总以扩张其适用之范围。而使这成独立刑为是。至假出狱之制，近时各国多用之。然其范围不广，苟狱中之犯罪者果能知所感化而性质改良，则使之早出监狱为是。故斯制不能不扩张也。

其九，为保证制度。①此制古时亦有之。犯罪之人本应处罚，令使纳保证金或以正当之人保证其不再犯罪，即可释放。现英吉利即盛行此制度焉。

其十，为犹豫行刑。②此制始于美国之马沙基色兹市，其初仅用于幼年犯罪者，其后对于成年犯罪者亦用之。自美国用此制之后，欧洲大陆诸国及日本皆用之，遂为一般国家通用之制度。犹豫行刑者，谓虽判定其刑后，仍犹豫其执行之谓也。

其十一，为不定期刑。此制创始于美国纽约州之依儿马依那地方，各国尚未采用。谓对于初犯罪者不定其刑期而置之于监狱，以感化改良之，视何时能感化改良即释放之。必达此目的，而后止不预定其为10年或8年也。此种制度亦有一定限制，无论重罪、轻罪必系初犯者、年未达30岁者、其人之性质可望改良者、施此制者以男子为限。其组织则以阶级制行之，最初为初级及格中级到优级，后予以条件付释放，过此期间无犯罪，然后完全释放也。施此制有限制，以对于犯罪之人不能普及其执行；用阶级制者，以使犯罪之人身自由权之行使与自由权之限制如何，即为滥用自由权，庶可改良为完全之人格也。

其十二，为家宅拘禁。此亦一种自由刑，拘禁于犯罪者之家宅不于监狱中执行，或数月或1年不使之出外也。此制古时即有，日本亦采用之，谓之为"闭门"；《意大利刑典》有明文规定，各

---

① 保证制度：类似于现今的保释制度。
② 犹豫行刑：缓刑。

国亦有用之者。

其十三，为地域限制。谓限定其居于某地方不使之去，如犯窃者不使之到人多处或会场等是，是即限制其地域也。《意大利刑典》有明文，日本特别法亦有规定。如《保安条例》对于政治犯不使之住居京城，即限制地域之一种也。

其十四，为劳役处分。此种劳役不在监狱内行之，乃于犯人家内强制行之，或使到某处修路，或使往某处伐木，仍令还家，务令每日强制其劳动是也。

其十五，为设置特别监狱于普通监狱之外。设特种之监狱，如幼年监浮浪者监，又如今中国之习艺所、教养所等是。盖特种之人使之入普通监狱甚有弊害，必设置特别监而后刑之目的始能达也。

其十六，为累犯者特别处分法。以累犯之人其性质必恶不易感化、改良，非为之加以特别处分不可。如美国对于犯3次以上者，不问犯如何之罪，俱终身禁锢之是也。

【谦按】便宜起诉主义为冈田所不取，而小河取之；冈田恐检察官之滥用职权，而小河则恐犯罪者之滋多，其用心不同。

然实际自以冈田之说为正，盖慈善主义施于有政或不相宜也。

第四章
行使刑罚权之保护任务

第五十项

国家当行使刑罚权时，对于其预期之目的以外所生之各种损害，有避就从宽及救济之责任。① 此未决拘留之限制（《日本刑事诉讼法》第72条、第73条），保释（《刑事诉讼法》第150条）、责付（《刑事诉讼法》第159条）、恩赦（《宪法》第16条、《刑事诉讼法》第331条）、复权（《刑事诉讼法》第324条）、未决拘留日数之算入刑期（《刑法》第21条）、停止行刑（《刑事诉讼法》第318$_3$条、第319条第2项）等规定之，所以必要也。

然国家的保护之任务，犹以为未足立法上及行政上，一般渐次有扩张其范围之势焉。

【按】国家对于犯罪者，一面执行其刑罚权；然犯罪者亦国家人民之一分子故一面又思所以保护之。此本章所以言附随于刑罚权之国家的保护任务也。

国家当行使刑罚权时，如在预期目的以内之损害，固应使犯罪者受之；若损害出于预期目的以外，则当为之避就，使不受之或虽使受之而使之从宽，或既受之而思所以救济，此皆国家之责任也。此种保护之任务为何？

其一，为未决拘留之限制。非一切刑事被告人皆必加以拘留，

---

① 避就：逃避坏的，接近好的。

必实有逃亡之虞或有湮没证据之虞，而后拘留之。此即限制也。

其二，为保释与责付。谓对于已受拘留之人，而令其觅人保释或责付于某人，而释放之是也。

其三，为恩赦。已如前述。

其四，为复权。如剥夺公权、停止公权等而恢复之是也。

其五，为未决拘留之期限算入后，此应罚之刑期。

其六，为停止行刑。因有种种之理由，而停止刑之执行。前已述之。

凡上所述皆国家保护之任务，各国皆定之刑事诉讼法焉。然近世国家犹以为未见因更扩张其制度，有已行者、有未行者。

第五十一项

国家保护任务之扩张不独为法理上自然之结果，亦实际上不得不符刑事政策之要求者也。

而其可以认为，扩张保护任务之新规定者，即对于无罪者赔偿，其未决拘留（德与法）救助，其因监狱就业之灾害（德国1900年6月发布之法律，《日本监狱法》第28条），在监者之移送病院（《日本监狱法》第43条），对于出监者交付衣类及旅费（《日本监狱法》第70条），救济在监者之家族及其他一般对于保护免囚事业之助力等，是也。

【按】国家的保护任务之扩张，就法理上言，国家行刑罚权有一定之目的，均出于预期目的而使他人受损害，则国家应有保护之任务，此法理上自然之结果也。不但此也，更从刑事政策言，国家之处刑所以符刑事政策之要求。

要求几何？谓处罚犯罪，乃所以维持国家之安宁秩序。然有因处罚金之故，而其反动力有害国家之安宁秩序者，① 则国家当保护之。其为此扩张，保护任务之新规定有种种：

其一，为对于无罪者赔偿。其未决拘留，如先期拘留者及审判后竟无罪，则其审判前未决拘留之损害，国家当计算其时日而赔偿以金钱。此其制德、奥、法3国采用之，不独未决拘留应受赔偿，即已决者亦当赔偿。盖本为无罪之人既受拘留之冤，抑国家自当有赔偿之法，现在虽无实行之国，将来必有此办法也。

其二，为求助。其因监狱就业之损害，譬如，狱中囚人令上屋作工而落下致伤，或使掌机器而受伤而竟致毙，此种灾害出于刑法预期之目的以外，国家当谋所以救助之法，此在德国以特别法规定之，日本则规定于《监狱法》中。

其三，为在监者之移送病院。监狱以内虽有病监，然监狱者执行刑罚之处非疗治之所也。微小之疾尚可移诸病监，其重大者自当送病院疗治之。痊愈以后可再科以拘禁之罚也。

其四，为对于出监者交付衣类及旅费。出监者因刑期已满而出监，交付衣类及旅费。此因监狱内拘禁之人不一，有冬入者，有夏入者，入监以后又有一定制服。今既出狱，制服固不可用，即原有之旧服亦不可用。故衣类必须颁发也。又犯人之住所或远或近至无一定，设出狱而无归家之旅费或且转而更犯他罪矣。故旅费又必筹给也。

其五，为救济在监者之族。夫刑罚之目的只及于个人是为个人主义，不使其家族受其影响。然使其家族赖本人以为仰事俯畜者，② 本人入狱不免因此而受贫困，则国家对于其家族当予以相当之求助也。

---

① 反动力：反向运动的力量。
② 仰事俯畜：上要侍奉父母，下要养活妻儿。泛指维持一家生活。

其六，为其他。一般对于保护免囚事业之助力。[①] 谓囚人既出狱后为某种事业，虽社会上有任其责者，然国亦宜间接监督之。故对于免囚事业亦当加以保护，而予以相当之助力也。

第五十二项

监视制度虽有主张，[②] 实验上有害无效之说者，然如英国则利用之功效甚著。故利用若得其宜，亦可以为国家之保护制度之一种也。

---

① 免囚：被释放遣送的囚犯。
② 监视：类似于现今的保释。

第四编 关于国际法之部①

---

① 本编为"[日本]志田钾太郎口授,(歙县)徐谦鉴定,(湘潭)王炽昌笔述",并印在原书本编编名页上。

总　论

第一章　组织上之差异

第二章　职权范围上之差异

各　论

绪　言

第一章　治外法权

第二章　领事裁判权

第三章　混合裁判所

第四章　在国内适用外国法与在外国适用国内法

第五章　国际的诉讼共助及犯罪人引渡

总 论

检察官一职（日本名"检事"，英名"director of public prosecutions"，美名"district or prosecting attorney"，法名"procureur"，德名"staatsanwalt"），在今日文明各国，固无不有之。然试为比较各国间之法制，则约分两派：一为英美法（检察制度），一为欧洲大陆法及日本法（检察制度）。①

【按】检察制度欧洲大陆派与英美派不同，中国似以采用欧洲大陆主义为宜。

盖英美以保守沿革为主义，于外国法律采用甚少。故不（成）文法居多，所规定之成文法不过用以补助不（成）文法，其根本均从习惯而来。

欧洲大陆各国则以成文法为根本，其习惯法不过补助成文法而已。方今各国采用新法多取成文法主义，即欧洲大陆主义也。

两者之根本精神全然不同。故其结果，检察官之观念亦自不得不有一大差异也。即英美法以关于社会之事务，务避国家之干涉为立法之精神，② 民事固不待言。即关于刑事有侵害权利、违反义务时，亦由被害者自诉于法庭以求救济，国家毫不干涉之。故考诸英国古法惟有检察长（attorney general），其职务则在有侵害国王权利时，求救济于法庭而已。至于关于其他刑事有提起公诉职务之检察官，则当时所未有也。

---

① 英美法：英美法系；大陆法：大陆法系。
② 务避：务必避免。

降及后世，①立法者因维持公安上知其有缺点，②乃于西历1827年（道光七年）创设以关于刑事（稍有制度）提起公诉为职务之检察官（publie proserutor）。其后至1879年（光绪五年）遂制定提起公诉法（proseeation of offenees act）焉。

在以英国法为骨髓之北美合众国亦因同一之理由，于检察长之外创设检察官（distrie tor proseeating attorney）。其各州创设之时代虽不同，然似皆先于英国也。至民事中关于公益之事项，如离婚等类亦非无代表国家而参与者（英 proetor attorney，美 counsel）。

【按】法制不同，其精神亦异。英美法律以不干涉人民为主义，必不得已或人民要求干涉时，始干涉之。

欧洲大陆诸国则以干涉为主义，凡国家对于人民（权）力能干涉者，皆干涉之。其根本精神不同，故检察制度亦不同。所谓维持公安者，例如，伪造货币等事有害于国家公安，乃设提起公诉之检察官以维持之是也。

【谦按】欧洲大陆虽取干涉主义，要以公益事项为限，决非滥用干涉以致蹂躏人民之权利也。至英美务以不干涉为主义，亦以人民富于法律思想，更无待国家之干涉耳。两派虽各不同，实视社会程度为之消息。③故其收效，则一毋庸轩轾于其间也。④

反之，欧洲大陆法及日本法，则本于以维持公益之目的，关于社会之事务必要国家干涉之精神，不独刑事，即关于民事，国家亦常设

---

① 降：延续。
② 公安：公共安全秩序。
③ 消息：走向、指引。
④ 轩轾：高低、轻重。

置代表公益机关之检察官。

而创设此检察官之沿革,则出于法国法,即欧洲中世第 14 世纪(元成宗大德四年至明惠帝建文元年间)。以后,法国在王审判厅(parlement)为国王所提起之租税诉讼,创设代表国王之机关名曰"代理官"(proeareur)。其后,此代理官之权限年年逐渐扩张,不独租税诉讼上代表国王而已,且监督社会之公益,因而《法院编制法》之整顿愈为发达。① 自 1793 年(乾隆五十八年)至 1810 年(嘉庆元年),遂至组织配置于各审判厅之检察官焉。

德意志之诸联邦亦皆仿法国设检察制度。至德意志帝国成立时,遂配置帝国检察厅(reiehsanwaltsehaft)于帝国审判厅(reiehsgerieht),而配置各检察厅(staatsanwaltsehaft)于各联邦审判厅(oberlandesgerieht. iandgerieht amtsgerieht)焉(《德国法院编制法》第 142—153 条、《普国施行法》第 58—67 条)。

日本亦仿法国,于大审院控诉院、地方裁判所、区裁判所配置各检事局是,诸君之所知者也(《日本裁判所构成法》第 6 条、第 7 条、第 18 条、第 33 条、第 42 条、第 56 条、第 79—84 条)。

【按】欧洲大陆诸国检察制度起源于法国,其完全发达亦在法国。当起源时与英国之检察长无异,不过因为国王之权利(遇)见侵害时,求救济于法庭而已。

英美检察制度不甚完全,于各审判厅置检察官权限亦小。欧洲大陆诸国则检察厅与审判厅对立,各分阶级,通上下为一个机关,② 组织完备与英美不同。

今要就欧洲大陆诸国及日本检察制度说明之,于英美(检察)

---

① 整顿:整理、修正。
② 通:贯通。

制度则从略焉。

在法国及仿法国之日、德及其他诸国，其检察厅之组织及职权之范围，亦互有相异之处，未能概谓同一也。兹说明其相异之处，如下。

第一章
组织上之差异

以全国检察厅为单独官僚的阶段,且合通各国法院之检察为厅,[①] 唯一不可分之原则(le ministrepublie cst un et indivisible),[②] 固法国及仿法国之其他诸国所同适用者也。

在德国,此原则唯适用于联邦国各本国之诸法院间,帝国审判厅与各联邦审判厅之间则不适用之。

然法、日之检察官,(除)服从其所属之检察厅长官之命令以外,同时又各得代表检察厅以行使其职权。而德国之检察官,则唯得代表其所属检察厅长官以行使职权,不能直接代表唯一不可分之检察厅。故可谓德国各检察厅唯有长官一人而已,其下之检察官皆不过补助者或代理者耳。

【按】唯一不可分之原则,各国检察制度大概相同。检察非合议制系独任制,其服从长官之命令,上下联属。[③] 与审判不同,全国检察厅虽分各级,而联为一体,犹之一检察厅,所谓"唯一"不可分也。

惟法国(检察)制度,无论何级检察官,(均)可代表全国检察职务;德国制度则但能代表本厅之长官,不能代表全国检察职务,各厅之有检察长官犹军队之有军队长也。

---

① 合通:沟通。
② 唯一不可分之原则:亦即现称的"检察一体(化)原则"。
③ 联属:绵延相连。

第二章
职权范围上之差异

检察厅关于刑事为提起公诉机关之点，则法国及其他仿法国之诸国检察制度所同也。至于关于民事所有之职权，则诸国不能无异。即：

第一，法国。即法国称检察官曰"法之监视者"（Gardien da loi le ministrepublicest loeil du gouvernement par lequel sont observés les tribuneaux），为监督一般判决，且保护法律得为抗告主张判决之无效；而参与民事之法定范围，则分为二：

其一，为以主当事者（partie prineipale）之资格参与之际，后见婚姻及其他身份关系是也（《法国民法》第 833、713、853、948、56—860、862、863、911、914、930 条等）。

其二，为以附带当事者（partie ineidente）之资格参与之际，斯有4种：（主当事者附带当事者之资格，参照松冈讲义）：①关于受通知之事件认为必要干涉时，发抒意见之际（《法国民事诉讼法》83）；②审判官自其职权上通知检察官使发抒意见之际（《法民诉》83）；③在大理院之判决前必使检察官发抒意见之际［法国1826年（道光六年）1月15日法律第44号］；④其他法律上定为应听检察官意见之际（《法民诉》83条等）是也。

第二，德国。然德国关于民事规定检察官所当干涉之际则极少，仅：①婚姻事件（《德民诉》607、619）；②亲子关系事件（《德民诉》640）；③禁治产事件（《德民诉》646、652、666、675、679）；④宣告失踪事件（《德民》974、975）之四者而已。

第三，其他。而意、比、荷等国则仿法国之例；奥国尝设与德国同一之规定，其后废之检察官之职权，唯限于刑事［奥1851年（咸丰元年）12月31日勅令，1876年（光绪二年）《民诉改正案》，1895年（光绪三十一年）新《民诉法》］；日本则大体以法国为模范，然不以监督一般民事判决之权限赋予检察官，则其一大差异也（其他、日本检察官关于民事之职权。参照松冈讲义）。

【按】检察职权，参与刑事各国大概相同；参与民事，则法国较多，德国较少，日本更少；法国检察为政府耳目，监督审判。故于民事之判决无效可以提起抗告；日本虽采用法国制度，检察职权不如法国之扩张；澳大利亚检察于民事全不干涉。合观各国检察制度，盖法国权力最大，英美较小，澳大利亚最小，日本与德国则居中等。

【谦按】中国改良司法，实以设立检察制度为一大关键。盖中国旧日司法机关虽不能独立，而惯用压制手段；纵有上诉之阶级，大半发回原衙门复审，无人立于原告人官及当事人之地位；小民经官府挫折之下，何所陈诉冤抑？故审判上之弊端，几于不可究诘。①

现在州县仍不能免，即有一二为言官所弹劾，②要不免挂一漏万，且言官仅得诸风闻，亦不能确知其中情形。又于法律保障司法官之宗旨，不能相合。故今日司法官制使检察官为起诉机关，同时又以平等之资格监督审判，于法律保障人民权利之义，关系甚大。学者当于起源处着眼，无为一家之说所囿也。③

---

① 究诘：追问原委。
② 言官：我国古代官名，主要负责监督与上谏，权力较大，特别是在明朝，他甚至可以命令皇帝。
③ 囿：局限。

第四，在民事及刑事（检察权）之外，行政上亦有之（检察权）。即如欧洲大陆。

其一，日本之严分立法、司法、行政三大作用之国，法上司法权依独立之裁判所行之，其不许行政权之干涉亦明矣。然补助司法权作用之各种行政事务（此名曰"司法行政"），则又行使司法权所不可缺者。故国务大臣中有名曰"司法大臣"（法 ministre de la iastiee）者有此职权，而检察厅所行之事务乃司法大臣职权之一部分。由是观之，检察官之职权可谓皆行政上之职权也。然所谓狭义之检察官行政上职权，则指关于民事及刑事以外事项之行政上职权而言。

其二，即在法国，司法大臣为司法行政上监督裁判所，使检察官当其任。换言之，检察官在司法行政上有监督裁判所之职权也。故注意法律之施行报告、裁判官之行动、谋裁判所与裁判所间之交涉事件（例如，共助）。

其三，然德国则谓检察官既为行政官，而非裁判官。若使其监督裁判所，是反乎使司法作用独立于行政作用以外之旨。故设《法院编制法》第152条之明文禁止之。日本法亦与德国同出一义（《日本裁判所构成法》81），但裁判官据《惩戒法》受惩戒之际，检察官得请求开裁判；裁判开始之后，又得为原告参与诉讼。是则日、德、法及其他诸国法制所同者也。

【按】检察官以单独官僚的阶段，分为各级联为一体，司法中之行政本为狭义之行政职务。法国检察，以司法大臣之命令监督审判。各国不尽采用者，以裁判官本司法独立之官，不合以行政官监督司法，但裁判官受惩戒时，检察可以提起公诉。此行政上之职权，各国大概相同。

观于以上所述可知，在英美以外文明国之检察官职权，可分为民事、刑事及行政之三者；而自其对外关系观察之，则除行政上职权以外，其为行民事上及刑事上之职权，检察官有不可不知者五事，兹于次编分述之：①治外法权；②领事裁判权；③混合裁判；④在内国适用外国法及在外国适用内国法；⑤国际的共助及犯罪人引渡。

各 论

绪 言

据现代国际法上及国内法上之法理言之，谓一国之领土乃其国家之统治权所得完全行使之区域也。而所谓"统治权完全行使"者，乃指不许他国统治权之行于领土内（国际法上），及其领土内所存在之一切团体、个人尽须服从其国家之统治权（国内法上）而言也。

【按】古时交通不便，荒地甚多。无论何国发现新土地，可以任意占领；现在领土观念发达，均知丧失领土难于恢复，而于新得领土尤属非易。故国际法又国内法上，于领土皆有一切规定。

统治权与主权有别。主权者一国自主之权，统治权则指统治其领土而言；有主权虽不完全而统治权自在者。如朝鲜国是；亦有称为领土主权者，其实即统治权非主权也。

虽然一国之领土内，亦似有行使他国统治权者，如战时占领地，如附国际地役之领土，① 如租借地，如联邦国家之领土，如两国以上之共同领土是也。然是尚非真例外，② 仍可以解为一国之统治权，在其领土内完全行使者也。

---

① 地役：即地役权，指按照合同约定利用他人的不动产，以提高自己的不动产的效益的权利。

② 是：这些；尚非：还不是。

【按】其一，两国战争时，甲国占领乙国之土地。如普法战争，普占领法地至巴黎，于法国地方行使普国之权。表面上，似有两国统治权，其实地方尚属法国，仍为法国统治权所在。譬如，窃人之物，物自行有主。但窃盗系不法行为，占领则规定于国际公法耳。

其二，附国际地役领土者。如乙国介于甲丙二国之间，由条约所定，战争时许某国兵队通过，则乙国附有国际地役领土矣。又如河之上下流甲乙二国各分领土，甲国在上流，乙国在下流，乙国若于下流建筑炮台，则甲国船舰通过不便，两国由条约所定，乙国承认不得于下流建筑炮台。此与附国际地役领土，二者皆由本国自己意思限制之，于统治权同无损也。

其三，租借地。谓两国由条约所定，甲国以何地租借与乙国限定若干年，若中国之旅顺、胶州湾等地是。此其性质，法国学者以为附期限之割让地；反对此说者以为，租界不过借贷性质不得遂谓之割让。譬如，以物假人，[①]物仍属我，无害于己国统治权。

其四，联邦国家之领土者。如德意志各联邦之上，德意志帝国统治权行使于联邦中，似一领土内有两统治权。然联邦乃特别之组织，其实各国自有统治权，帝国与联邦两统治权向一方面进行，实质一统治权也。

其五，两国以上共同领土者。如奥、匈两国共有一土地，似有两统治权行使于其上，其实质一统治权，不过以两国共同行之。如民法上之共有。[②]

以上各种表面，似有两统治权，其实仍属一国完全行使之统治权也。

---

① 假：借给。
② 共有：数人共同享有一物的所有权。

然则对于一国领土内之事实，一切皆适用其本国法，而全然不适用他国法乎？曰是又不然，或本于国际法或本于国际交通之大义，[①]以其本国法承认他国家之法得适用于本国领土内者，固不少；更为保他国法适用之效果，在本国之领土内为相当之助力者，亦有之。而其主要之种类，即总论之末所列举之五者，故为检察官者既当习其本国法，且当明此五者，而后始能完全执行其职务也。

【按】他国之法适用于本国之领土内，并非他国之统治权行使也，乃以本国法承认之，于统治权之完全行使固无妨害。

---

① 大义：主旨、精髓。

第一章
治外法权

第一节　名　称

"治外法权"一语由拉丁语之领外（extraterritoriam）转化而成，英（语）曰"exterrtioriality"，法（语）曰"exterritorialité"德（语）曰"exterritorialität"。

【按】"领外"即领土以外之义。英、法、德名称皆本之拉丁文"领外"一语，而各从简。①

第二节　沿　革

无论何国，自古代以来对于外国或敌国之使节，特为优遇、保护之例，实非鲜少。治外法权即出乎此。故以国际的礼让与国际的便宜，为其素。② 因而其在国际法上至认为不可争之制度者，则属于格老秀斯〔Grotius，西历1583年（明神宗万历十一年）生于荷兰〕以后也。③

其（即治外法权）初，唯专指在他国领土内特定之人（例如，君主、外交官）或物（例如，君主或外交官之所持品），不服从其国领土

---

①　从简：有所简化。
②　素：要素。
③　格老秀斯（Hugo Grotius，1583—1645年）：荷兰著名国际法学家。

权之例外关系而言。其人或物事实上虽在他国之领土内，而国际法仍以在其所属国领土内之拟制说明之。① 然因在此例外，关系之人及物其数渐增，且在土耳其所发生之领事裁判权制度（参照次章），渐行于非耶稣教国与耶稣教国之间。② 于是，治外法权之意义遂为之扩张，凡为属地主义领土权作用之例外者，除国际私法之适用以外，一切概括于治外法权观念中说明之。

然领事裁判权，乃国际法之异例。将来非耶稣教国之法制整顿以后，当然须消灭者，不过条约上一时之保留而已。

反之，君主、外交官等之治外法权，则不俟条约乃国际上当然存在之制度。因国际法之发达与各国之进步，而愈加巩固。故学者谓以此二者在同一观念之下说明之，为不当者，甚多也。

【按】中国春秋时，诸侯大夫适他国均特别待遇；③ 东西洋古代各国，对于他国之君主、使臣亦因优遇之结果，不以己国之法律支配之。此治外法权所由发生也。

治外法权虽以他国权行于本国，然于本国统治权无损。故拉丁语曰"领外"，若视为领土以外之行使权利也。格老秀斯以拉丁文著书，故学者以拉丁文译其名为"格老秀斯"，其本名固不如是也。

治外法权始于君主使节，后来交通日繁有驻在外国之例，因此治外法权渐次扩张。学者谓"凡在他国而不用他国之法律者"，皆为治外法权。

欧洲各国对于土耳其不用土之法律，各用其国之法律。此治外法权之起源。后加以领事裁判权，为广义之治外法权。然领事

---

① 拟制：人为拟定。
② 耶稣教：新教、基督教。
③ 适：前往。

裁判权由条约之结果，治外法权由国际法所规定，专就他国之君主及外交官而言。

学者有谓治外法权之名称未当，尚须更改，以为明明在领土内何得谓之"治外"，但此说尚非定论。

第三节 意 义

"治外法权"一语，以广义言之，则限制一国领土权行使之状态也；以狭义言之，则一国本于国际的礼让与国际的便宜对于他国之元首、外交官、军队、船舶等不行使领土权之状态也。兹以狭义之治外法权，再分析说明之于下（广义之治外法权，乃在狭义治外法权外加以领事裁判权者。故参照次章自明）。

【按】广义之治外法权包有领事裁判权，非正当之解释；狭义之治外法权，不过本国际的礼让或便宜，惟特定之人、特定之物有此待遇，解释较为正当。

第一项

治外法权者，一国对于他国元首、外交官、军队、船舶之状态也。

【按】对于特定之人为治外法权，若对于普通人民则为领事裁判权。

第二项

治外法权者，不行使领土权之状态也。

【按】"状态"二字宜注意，但曰"状态"与权利不同，不过国际法上有此治外法权之原则。如以为他国之权利,岂所在国应负义务乎,且权利必有主体,治外法权无所为主体。学者有以君主、外交官为权利目的物者,其说非是。

盖自所在国言之,以为他国在本国特定之人有此一种状态;自他国言之,不过领外之意。日本译拉丁文为"治外法权",加入权字殊未当也。

第三项

治外法权者本于国际的礼让与国际的便宜,而发生之一国状态也。

【按】治外法权由礼让与便宜发生,故有"状态";若领事裁判权则因风俗法律之不同,而发生。此其异点也。

第四节　有治外法权之人及物

第一项　人

有治外法权之人,乃元首、公使、领事及军人是也。

甲、元首

元首（法曰 souverein）包含共和国大统领（法曰 chef de fétat）与否,则有异议。

【按】元首当然有治外法权;此外如摄政王及共和国之大统领亦有之;又如罗马教皇,各国以其为宗教上之首领,许其有治外法权。

至前为大统领,现在已经解任则不得有治外法权。

限于加入国际团体，而认其为团体之一主体之国家之元首；若有数元首时，则各自有此权。又因元首有此治外法权，故其家族、从者等亦有治外法权（不随从元首之家族有此权否，则有争议）。

【按】元首有完全治外法权，故其家族、从者等亦有治外法权。

乙、公使（包含大使）

公使（包含大使）（法 l'ambassadeur），又公使中亦不区别待派使节（ambassadeur en mission spéciale）与特命全权公使（l'ambassadeurextraordinaire et plénipotentiaire）。

公使之代理，固不待言。即公使之家族、附于使馆之武官及技术员并此等人之家族、馆员及其家族等皆有治外法权者。公使所有之治外法权，以自到其驻扎国之日始，至去其国止为期限。①

【按】公使代表一国故有治外法权，其与元首不同者。元首一身随时有治外法权，公使则解任后此权消灭；即解任后居留驻在国，亦无治外法权，以其不复有代表资格也。

丙、领事（法 consul）

领事以无治外法权为原则，唯执行公使之职务者，或特以条约予以治外法权者，则为例外（英美虽有条约，亦不认在自国之外国领事有治外法权）。②

【按】领事非外交官、非代表国家者本无治外法权，此西洋各

---

① 去：离开。
② 自国：自己国家、本国。

国之通例。惟中国与土耳其有之，但条约既有特别之规定谓领事有治外法权亦可。

丁、军队（法 L'armée）

一国之军队非依国际地役或特别之许可，不能驻在通过他国之领土，固不待言也。然若据上述之原因，在他国领土内时，则不独军队全部即其各员亦皆有治外法权。

【按】军队代表一国军事，由条约之结果，始有治外法权。

戊、军舰乘组员（法 l'équipage des navires de guerre）

军舰（又公船）之乘组员不独舰船上虽上陆时，亦有治外法权。

【按】乘组员如军舰上一切船员皆是。

第二项　物

甲、元首之所属物

不独元首所携带之物而已，虽供使用之物亦有治外法权。

【按】元首治外法权完全，若所属物无治外法权，则其权不完全也。

乙、公使之所属物

公使馆其附属物及公使之私有财产，亦有治外法权。

丙、领事之所属物

领事若认为有治外法权时，则领事馆其附属物及领事之私有物亦有治外法权。

【按】领事惟公文书有治外法权，此各国普通之例；若因条约之结果，具私有物亦有治外法权者。

丁、军队之所属物

军队有治外法权时，其营舍、携带之武器、粮食及其他等物亦有治外法权。

戊、军舰及其所属物

不独军舰而已，凡所谓御用船、义勇舰体等亦同有治外法权；又不独船体而已，凡舰船上之物亦皆有治外法权。

第五节　内　容

前节所述各种之人及物所有治外法权之内容，非必同一。即元首、公使、军队、军舰所有者，乃有最广博内容之治外法权；而其共通者，[①]则为下之五种。

除以上四种之外，则治外法权之内容较狭；如下之五种，亦不过大体共通而已；即如一身之不可侵仅对于人而言，而物则不然，住居亦如此：

第一项

一身之不可侵（法 inviolabilité de la persoime）。

【按】不可侵者，不能逮捕之裁判之也。

---

① 共通：共同、相同。

第二项

不服从所在国之裁判权（法 exenption de la jaridietion oa piité de jaridietion）。

【按】不服所在国裁判，人与物皆包含之，并无分于民事、刑事。

第三项

住居之不可侵（法 famehise de Phôtel ou inviolabilité de Phôtel）。

【按】此亦以人为限，与上一项物均不包在内。

第四项

免除所在国之纳税及负担（法 exemption de tout impôt. de tout taxe）。

【按】此但指直接税而言，若间接仍负担之。如烟草加价是也。

第五项

与本国交通之自由（法 liberté de coieation）。

【按】此亦当然之事。如元首等不得与其本国交通自由，则无所谓优遇也。

除以上五种之外，有特别之治外法权，如下所举例是：①其他元首有行使本国统治权之不可侵；②公使有关于公使馆内事件裁判权之不可侵，又条约上有认公使有对于在留之本国民公开公使馆内礼拜堂之权利（法 droit de culte privé）者。此皆属特别之治外法权非共通者，其事例繁多，不遑枚举。①

领事所有之治外法权乃以条约规定者，斯时亦唯限于执行其职务所必要之范围内而已。

---

① 遑：闲暇；不遑枚举：不胜枚举。

第二章
领事裁判权

第一节 名　称

"领事裁判权"一语乃合并"领事"（英、德、法皆名"consul"，由拉丁语之理事官"consul"转化而成者）及"裁判权"（英名"jurisdiction"，法名"juridiction"，德名"die zuständigkeit"）二语而成者也。英名曰"consular jurisdiction"，法名曰"juridiction consulaire"，德名曰"konsul zuständig."。

第二节 沿　革

确立国际团体者乃欧美诸国，即奉耶稣教之诸国也。

然当奉伊斯兰教之土耳其加入时，不独其风俗习惯不同，其法律根本上亦与耶稣国异。于是，耶稣教国以为派遣领事使掌对于本国人民适用本国法之事，则两者皆有便宜。法国首先与土耳其政府缔结条约（有capitulation之名称）〔西历1535年（明嘉靖十四年）之条约为始〕，其后有十数回条约，至今日有效力者则1740年（乾隆五年）之条约也。

欧美诸国皆继之。英为1580年（明万历八年），德为1761年（乾隆二十六年）。

其后与土耳其以外之非耶稣教国，亦缔结同种之条约。至于今日现行此种条约之国,则中国、朝鲜、土耳其、波斯、暹罗等是也。①

又曾有此种条约,而今日已废止之国,则日本[1899年(光绪二十五年)废]之外,有罗马尼亚1878年(光绪四年)废,塞尔维亚1883年(光绪九年)废,孟特列克洛1878年(光绪四年)废等。

埃及在1876年(光绪二年)以后,以混合裁判制度(以本国人、外国人并为裁判官之制度)管理国籍相异之外国人间之诉讼,及内、外人间之诉讼以与领事裁判权并行焉。②

【按】欧美诸国虽不同洲而宗教相同,其风俗习惯亦多相同。故其法律彼此可以互相服从;惟土耳其宗教不同。故各国由条约所定对于土耳其有领事裁判权后,沿此行之。

日本及中国、朝鲜等凡非耶稣教之国,当时不过为两国便利起见,其后领事滥用此权乃有弊害。

近来法理发明欲令各国收回领事裁判权,先改良本国之法律,日本早已达此目的,中国将来亦当如此。

第三节 意 义

领事裁判权者,乃本于法制根本差异,所缔结之特别条约之效力,及于所在国领土内本国臣民之裁判权也。兹分析说明于下:

【谦按】"所在国"原作"对手国"。

---

① 波斯:伊朗;暹罗:泰国。
② 内、外人:本国人、外国人。

第一项

领事裁判权者，一国之裁判权也。

【按】一国之裁判权与治外法权有限制者不同，治外法权乃一种状态非权利，领事裁判权则一国之权利也。

第二项

领事裁判权者，对于在他国领土内之本国臣民者也。

第三项

领事裁判权者，本于法制之根本差异依特别条约而生者也。

【按】治外法权由法制礼让、便宜发生，领事裁判权则本于法制根本之差异而生；治外法权规定于国际公法，领事裁判权规定于特别之条约。此不同之点也。

领事有治外法权乃条约之结果，其实治外法权在普通国际公法不包入领事裁判权。

冈田博士著《法学通论》以治外法权为绝对权，领事裁判权为相对权，如此区别尚觉未当。盖以治外法权为绝对权，无以解领事之治外法权缘领事之治外法权由条约所定。[①] 无此条约，即不能有治外法权，岂得谓之绝对权乎？

余区别治外法权与领事裁判权有二标准：一则治外法权非权利乃一种状态，领事裁判权则一国之权利也；一则治外法权根于国际之礼让及便宜，领事裁判权根于法制之差异，以二者区别之足矣。

---

① 缘：因由。

【谦按】治外法权与领事裁判之区别，前者属消极，后者属积极，此其性质上之一大差异也。

第四节　内　容

领事裁判权乃由条约上所生之权利，故欲详知其内容不可不引照各条约说明之。然恐烦杂过甚，故兹唯就中国与日本欧美诸国间之条约述之。

领事裁判权之条约始于法国对于土耳其，后各国以法土条约为模范，故其内容大概相同类，皆规定于通商条约。《中法条约》1845年（道光二十五年），1858年（咸丰八年）；《中美条约》1844年（道光二十四年），1858年（咸丰八年）；《中英条约》1842年（道光二十二年），1858年（咸丰八年）；《中德条约》1861年（咸丰十一年）；《中日条约》明治二十九年（1896年，即光绪二十二年），明治三十七年（1904年，即光绪三十年）；《中俄条约》1858年（咸丰八年）；《中西条约》1861年（咸丰十一年）；《中普条约》同上；《中葡条约》同上；《中丁条约》1862年（同治元年）。

中国与日本、欧美诸国之条约关于领事裁判权者，皆大同小异。故便宜上以《中日条约》说明之：

其一，如《中日通商航海条约》规定，日本领事有裁判管辖权是也。

其二，《中日条约》[明治二十九年（1896年，光绪二十二年）第三条规定，领事之驻在资格、职权、裁判管辖特权及免除。

【按】第三条规定，日本在中国领事有裁判管辖权，不言中国在日本领事有此权,此所谓片务契约也。① 此条约甚不公平,故中日光绪三十年(1904年)所定条约甚望中国改良法律,为撤去领事裁判权地步。

其三,同上第二十条规定,在清国之日本臣民之裁判管辖。

【按】(该条)规定,日本在中国臣民关于身体、财产之裁判管辖权,专属日本官吏;关于财产诉讼,归日本领事审理判决,不受中国官吏干涉。

其四,同上第二十一条规定,民事诉讼。

【按】(该条)规定之内容,如中国人为原告日本人为被告,归日本领事审理判决;日本人为原告中国人为被告,归中国官吏审理判决。

其五,同上第二十二条至第二十四条规定,刑事诉讼。

【按】第二十二条规定,日本臣民在中国犯罪,被告由日本领事审理,依日本法律处罚;中国臣民在中国对于日本人犯罪,被告由中国官吏依中国法律处罚,与第二十一条相同。

第二十三条规定,如中国臣民对于日本人负债不偿或诈伪逃亡,由中国官吏逮捕处分;日本臣民对于中国人负债不偿或诈伪逃亡,由日本领事加以相当之处分。

第二十四条规定,如日本人犯罪逃至中国,中国官吏由日本

---

① 片务契约:片面义务条约。

领事之请求而引渡之；若中国人犯罪逃至日本，则日本官吏由中国官吏之请求而引渡之。

其六，同上第二十五条概规定最惠国条款。

【按】（该条）规定，中国若对于他国赋予享有一切特权及免除利益，日本亦有此利益。所谓利益均沾也，中国与他国定约大概如此。

其七，同上第十一条约定将来在一定条件之下撤去领事裁判权。

【按】从表面观之，领事裁判权似无大害，但滥用此权实为有害；盖法律上之问题尚可辩论，事实上之问题不可究诘；① 故《中日条约》定将来在一定条件之下，先撤去领事裁判权，缘此条约甚不公平也。

治外法权无论何时不能废止，领事裁判权则条约之结果为国际法上之例外，可以废止者也。

---

① 究诘：深究追问。

第三章
混合裁判所

第一节　名　称

"混合裁判所"如其字义，与英之"mixed court"，法之"tribunal mixte"，德之"gemisehtes tribunal"相当，学者中有名曰"国际裁判所者"（德 internationales gerieht）。然实属误用，且忘其有易与相混同之裁判（tribunal international）者也。①

【按】所谓易与混同之裁判所，如荷兰海牙府万国平和会议，乃国际裁判所也。

第二节　沿　革

混合裁判所者为欲减少领事裁判制度所生之弊害，而创设之裁判所也。

其最初在西历1847年（道光二十七年）以后设置于土耳其，裁判关于民事、刑事之内、外人关系事项，其第一审及第二审皆在君士坦丁堡。

其后经1867年（同治六年）、1869年（同治八年）、1870年（同治九年）、1872年（同治十一年）前后四回条约之结果。

---

① 忘：通"妄"，指胡乱、荒诞不合理；易：轻易。

在埃及亦设置混合裁判所，以法、英、德、奥、匈、意等诸国之合议规定其《（法院）编制法》。

而在1876年（光绪二年）2月15日开庭，当初本预定，5年间之期限，其后又延期，遂以1890年（光绪十六年）之条约决定，永久设置之。其第一审在亚历山大（alexandra）、加依罗（cairo）、满斯拉（mansonrah）之三市，其第二审则在亚历山大也。

【按】土耳其用法国法律，其混合裁判于刑事诉讼法尚未规定，民事诉讼适用普通国际私法，与领事裁判各用其国之法不同。用外国人为裁判官，以内国人会同裁判仍用本国法意。欲渐次撤去外国人，遂纯然为本国之裁判所，[①]为欲减少领事裁判之弊害也。

惟埃及改良法律适用法国法，与之渐次同一。故其混合裁判实用本国法律制度尚好。

日本未撤回领事裁判权以前，亦有主张设混合裁判所者，因反对此议者多，遂决计改良法律不采混合裁判之制。当时大隈伯爵任外务大臣，[②]亦主张设混合裁判所；反对者以枪击之，伤其足。

中国上海地方有会审公堂，似有混合裁判之制。然一般国际法学者皆以为无此制，不过偶然之事实。余恐人误解混合裁判为良法，故再三说明之。中国改良法律自可令各国撤去领事裁判权，不采混合裁判制度可也。

---

① 纯然：完全。

② 大隈：即大隈重信（1838—1922年），日本明治时期政治家，财政改革家，日本第8任和第17任内阁总理大臣。

第三节 意　义

混合裁判所者乃出于矫领事裁判弊害之目的,[①] 为裁判内、外人关系,该国家与诸外国之间以特别条约定其组织,而设置之裁判所也。

第一项

混合裁判所者,该本国之裁判所也。

【按】领事裁判所,为领事对于所在国之裁判混合裁判所,则本国之裁判所也。

土耳其自设混合裁判所后,各国领事裁判权渐次缩小。盖虽用外国人为裁判官,仍用本国法律与领事裁判用外国法律不同。

第二项

混合裁判所者,裁判内、外人关系事项者也。

【按】内、外人关系事项不尽归混合裁判,亦有归领事裁判者。如埃及不动产事项则专归混合裁判,其他有归领事裁判者,但加以限制。

第三项

混合裁判所者,该本国与诸外国之间以特别条约规定其组织者也。

第四项

混合裁判所者,有矫领事裁判权弊害之目的者也。

---

① 矫：矫正、纠正。

第四节　编制及权限

第一项　土耳其

土耳其之混合裁判所有民事与刑事两种。民事混合裁判所初设于君士坦丁堡，嗣后设立二三所分布他处，其所管辖唯限于商事及动产事件，内国人与外国人间之诉讼，裁判官以内国人3名及与当事者外国人同国籍之外国人2名编成之。

刑事混合裁判所，亦设置于君士坦丁堡及多数之大都会，审理外国人为被告人之轻罪事件，裁判官以内、外人各半数编成之（此裁判所，事实上尚未为裁判）。

混合裁判所第一审以内国人3名外国人4名编成之，第二审以内国人4名外国人7名编成之，而管辖民事及刑事。

关于民事则管辖：①关于在埃及不动产之诉讼；②内国人与外国之间或外国人间之诉讼。①

关于刑事则管辖：①外国人所犯之违警罪；②对于混合裁判所或其编成员所为之犯罪；③以妨碍混合裁判所判决执行之目的所为之犯罪；④混合裁判所之编成员其职务上所为之犯罪。

又自1900年（光绪二十六年）以来，破产及有关系于破产之犯罪，亦归混合裁判所管辖焉。

第二项　埃及

埃及所用法律取资于法国。② 名虽土耳其属国，实际上则英属也。故关于外国事项甚繁，其用外国人亦不能使居少数，其混合裁判之制较土耳其尤为发达。然发达之结果，受害不浅。

---

① 内国人：本国人。

② 取资：取得凭借。

欧洲诸国学者所著论说，未有言及此制者，亦未有主张此制者。盖以埃及本在欧人势力范围内之，故埃及学者所著之书有反对此制者。各国亦不加菲薄其利少害多，可断言也。

【按】以上各种，为本国自行限制其统治权，使他国之法律得行于本国领土之内。与前章所云治外法权，领事裁判权皆言其制度完成者；若如下第四章所述，亦系他国之法律行于本国领土之例，但不过为散漫的适用而已。①

---

① 散漫：不集中、零散、分散。

第四章
在国内适用外国法与在外国适用国内法

有治外法权及领事裁判权之际,皆一国之法行于他国领土内者也。然在此以外,尚有一国之法行于他国领土内者。说明此问题之学科,俗名曰"法律冲突论"(英 conlliet of laws,法 conllit des lois,德 kollision der gesetze)。

第一项

分法之种类:有国际私法学(英 private international law,法 droit internalional privé,德 lnternationales privatrceht),国际刑法学(德 internalionales stralreeht),国际破产法学(德 internationales konkursreeht),国际诉讼法学(德 internationales proxessreeht)等名目焉。

【按】各国法律互相通用,其法散漫,不似混合裁判与领事裁判有一定之制度也。

学者有谓法律如空气,凡世界人迹所到处皆法律所到处,不过遇他国法律时互相冲突;反对此说者,则谓一国之法律惟限于行使本国境内不能及于他国是。两说者一太广,一太狭,皆非适当之论。

夫一国法律原则上但行于本国领土以内,然有时亦不能不行于国外者。如本国臣民在外国时,有非服从本国法律不可者,仍当适用本国法律;然臣民既住在他国,又当服从所在地之法律。

因此生出冲突，乃不能不有以调和之。研究此问题之科学，曰"法律冲突论"，其实非冲突乃调和也。

国际私法学即因各国民法、商法之冲突，而调和之也；国际刑法学即因各国刑法之冲突，而调和之也。此处"国际"二字不能与国际法混同，不过规定何种事项应从何国法律调和其冲突之处，非有国际团体之意义也。

在此法律冲突论中，说明外国法所以能行于内国领土内之问题，学者之间议论虽不一。然当解释为，内国法上规定有适用外国法之结果也，此规定名曰"调和法律冲突之规定"，又名"适用外国之规定"，日本名之曰"法例"。

【按】将来国际团体亲密，法学发达必成一国际团体的规则。此时尚未达到此程度，虽曰"调和冲突"，其实各适用本国之法不能一致也。

第二项

法学上之议论，以适用法于事实之际为其主眼；① 而法律冲突论之要题目之事实，学者名曰"涉外事实"。

"涉外事实"者，包含外国元素之事实也；外国元素云者，乃指①主体（个人或团体）有外国国籍之际；②客体（物）在外国之际；③事实（行为及其他）发生于外国之际而言也。此中②及③虽无必须说明之前提，而①则非说明：一则何人及何团体有内国国籍，二则在内国有无住所之二前提，终难理解者也。

---

① 主眼：着眼点、主旨。

【按】冲突问题发生，以包含外国元素在内。故如外国人在内国之行为，及外国物在内国其有此物之人在外国；又如事实在外国发生其人在内国。所谓外国元素，也包含有此，所以法律上不无冲突，但物为客体与事实上问题其发生易于调查，不必深说；惟人为何人、为何团体或国籍，在内国住所在外国则何者当适用外国法，何者不适用，非研究法理不易明了是。即一则国籍，二则住所之两前提之问题也。

第三项

得、丧、恢复国籍（限于人之国际团体之国籍尚未有设，概括的规定之国）之原因及其手续，在大多数之国常以成文法规定之。日、德以特别法［《日国籍法》，德1870年（同治九年）《国籍得丧法》］规定之，法国则规定于《民法》中。

反之，住所之得、丧、恢复之原因、手续，则全委诸罗马法以来之法理之国居多。① 兹以国籍及住所之意义说明之于下：

甲、国籍

国籍（英 nationality，法 nationalité，德 staatsangehörigkeit），即对于一国家有永续的从属关系之人或团体之资格之谓也。②

【按】国籍为区别内、外国人之标准，其定义学说不一。有谓组织一国臣民之资格，为国籍者；有谓臣民与国家之关系为国籍者。其说尚未确当。

国籍不言"臣民"而言"人"与"团体"，包含较广。如余为日本人在中国担任教务亦有一时从属之关系，但此关系非永续耳。

---

① 全委诸：（把事情）全部委托之于（某某）。
② 永续：长久持续。

一国世民之国籍，常有变更。如甲国之女嫁与乙国之男，或乙国之男为甲国人之养子；又或归化人自由变更其国籍。① 此皆属国籍得、丧、变更之问题，不能不以法律规定之者，故各国均有国籍法中。

国日繁于国籍问题，② 亦当规定。至团体之国籍（如公司商务），各国规定尚未完全。学者有谓当以其人住所为断者，或以为当依许可而定，其说未当。盖团体有必经许可而设立者，有不必经许可而设立者，不可概论。不如以住所定团体之国籍为当。

又有国籍不分明者，亦不得为内国人，但除本国人以外即属外国人也。

乙、住所

住所（英 domieile，法 domieil，德 domixil oder wohnsitz），在一国家领土内之人或团体所定之活动本据之谓也。③

【按】各国于住所一项无特别之规定，大概规定于民法中，罗马以来即如此。

所谓活动本据者，如有人常居北京，一切生活及通信机关皆在于此。虽其人不时他往，而其住所要在北京；若有人在北京营农、工、商业，或三五年后又移他处营业亦居三五年之久，则其住所前在北京者，后又在他处，即如余今日在北京当教习以三四年为期，则住所在北京和旦移至欧洲则住所又在欧洲。

总之，住所非永远的，亦非一时的，大概有三四年之久在某地为生活本据者，乃为其人之住所也。

---

① 归化：旧时指甲国人民加入乙国国籍。
② 繁：复杂。
③ 本据：所居之地。

第四项

据以上所述，是在内国适用外国法，则由内国之国内法规定之；反之，在外国适用内国法，则由其外国之国内法规定之。而文明诸国，关于此法律冲突论之法规大同小异。故以下唯以诸君最易解之日本法为例，述之：

一方面，注意：一国之领土中陆地以外尚有水面，而水面有国内水面与国外水面之别。国外水面中虽非无为他国领土者，然其大部分概不属于何国之领土。如外洋（外洋英名 high soas，法名 haute mer，德名 hohe see，offenes meer）、领海（英名 territorial waters，法名 mer territorial、littorale juridietion，德名 territoriales meer）、海湾大洋是也。外洋无论何国之统治权，皆不服从；而无论何国之船舰，又皆得自由航行；其航行中之船舶内，则行使自国之统治权焉。

另一方面，一国法律以领土为根本，出领土以外遂生冲突。陆地领土以及河与海湾皆有所属。至外洋距岸 10 海里以内，为炮弹所能及尚属己国之领海；若在 10 海里以外，则为公海；公海与无主物不同，无论何国不能占领，船舶属于何国船舶上发生之事实即从何国法律处分；若如他国之领海，即当服从他国之法律，遂有冲突问题。

第一节　国际私法

在国际私法上，外国法适用于本国领土内之际，凡有四：

【按】国际私法之规定调和各国民法之冲突也。本为一种独立科学，非一时所能说明。今姑就最简单者言之：

第一项

适用外国人之本国法之际。

【按】日本法例 3、45、14—22、25、27。

其人无论在何国，皆适用本国之法。如身份、年龄是也。年龄如成年、未成年、有无能力之类，各国法律规定不同。例如，印度人 8 岁结婚，12 岁为成年。

无论在何国其责任年龄，均当从其本国法，不能从他国法也。

第二项

对于在外国有住所之人适用其住所地法之际。

【按】日法例 12、28。

例如，甲乙二人同在北京，乙向甲借银百元立有借券。其后甲往外国需用此项，以乙在北京未便回国取偿。适丙由外国回北京，遂以债权让渡于丙。①丙至北京持借券向乙取偿。此等事项，各国民法（规定）不同。有以为有效者，有以为无效者。

假使甲、乙、丙 3 人皆系中国人，自当适用中国法；若 3 人国籍不同，则当从乙之住所地之法律。

盖行为虽在外国，而适用之法则以住所地法为宜。

第三项

对于在外国有所行为之人适用其行为地法之际。

---

① 让渡：转让财产所有权。

【按】日法例7、8、9、11、13。

例如，中国人与英国人在日本结有契约，其形式及效力均当从日本法成立。以后两人各回本国，其契约之效力仍从日本法，所谓适用行为地法也。

第四项

对于在外国之目的物适用其所在地法之际。

例如，目的物系不动产在何国，即从何国法律；因不动产之规定各国习惯不同，各国国际私法上之规定，均从所在地之法律，以所在地调查一切较便利也。

第二节　国际刑法

在国际刑法上，内国法与外国法并立，亦能支配所不同。适用者，因一国裁判所关于适用外国法之事不裁判故也；外国领土内犯罪之际，凡有六（《日刑》34）：

一则对于皇室之罪（《日本刑法》73—76）；

二则对于国家之罪（《日刑》77—79、81—89）；

三则对于货币之犯罪（《日刑》148）；

四则关于公文书、公印、有价证券之犯罪（《日刑》160、162、168）；

五则关于生命、身体、自由、财产或信用，内国人所犯之犯罪及外国人犯以上之犯罪，而内国人为被害者时，亦同（《日刑》177—180、182、185、200、201、105、206、215—217、219、221、222、225—229、231、236、237、239—242、244、247—251、254、257）；

六则公务员职务上所犯之罪。

【按】刑法为一国公法，原则上只能支配本国领土以内，不能用于外国。然犯罪之人或在外国对于本国犯罪，有害本国治安，亦可以本国刑法支配于外国领土以内也。

但各国刑法不同。如对于君主国犯于皇室之罪，其犯罪人在共和国，则该国无此治罪条文，非用君主国本国刑法罚之不可；又如伪造货币之罪，或内国人在外国伪造，或外国人在外国伪造内国之货币，于内国货币妨害用在外国即处罚加之，或罪名甚轻仍须用内国刑法罚之。

总之，凡法律上有明文内国刑法当支配之者，无论其人为内国（人）、外国人其犯罪地为内国（地）、外国地，皆当罚之是，即所谓国人法支配外国领土内之犯罪也。惟刑法冲突与私法冲突不同，私法冲突有外国法。行使之时，即不复行使内国法；若刑法冲突，纵犯罪人受外国处罚回本国时，可再加罚之。但有时可因而免除或减轻耳。

第三节　国际民事诉讼法

民事诉讼法自其形式上言之，乃规定保护私权之手续法也。故其所保护之私权，不独限于一国私法上之权利。

自公平纯理上观之，①一国之民事诉讼之支配（不曰"适用"者，其理由与国际刑法同）他国内所存之事实，而使发生民事诉讼法上之法律关系，亦无绝对的不可。然现今国际团体之程度，尚未能使各国家互为便宜，以领土之行使、让步至此范围也。

---

① 公平纯理：纯粹公平理论。

民事诉讼法上确定判决之效力，不能及于外国之论，尚有为一般通说（亦有反对说）之势焉（《日民诉》514、515、557）。

第四节　国际刑事诉讼法

刑事诉讼法自其形式上言之，乃规定实行国家刑罚权之手续法也。而其所实行之国家刑罚权之目的，则在预防犯罪而谋国家自存之道。故一行为支配于两国以上刑法之际所起之刑事诉讼，即以一国支配他国内之事实，而使其发生刑事诉讼法上之法律关系，亦无绝对的不可之理。

然在今日之国际关系（与民事诉讼法所述同）刑事诉讼法之效力，毫不能及于外国，乃学者间之定说，而无人有异议者。故亦莫如之何也（《日本刑法》第5条）。①

【按】民刑诉讼法非实体法，乃手续法。各国各自适用其手续本无问题，其成为诉讼冲突问题者，在乎一国之判决其效力能否及于他国也。

例如，债务诉讼在中国审判厅判决当查封其财产，而其财产在日本不能以中国判决之效力即及于日本，而查封之，尚须由日本加以裁判方可查封。刑事亦然，刑法之支配虽可及于外国，而刑事诉讼法之逮捕人犯等事当由外国执行不能径往逮捕也。

夫民法、刑法之效力既可及于外国，理论上则其诉讼法之效力亦当及于外国。将来国际民刑诉讼法发达或当定一通行规则，使内国诉讼效力及于外国方为完全。但此时尚不能办到耳。

---

① 莫如之何：末如之何，指无言以对、无可奈何。

第五节　国际破产法

　　破产法乃规定债务者，在以其财产不能完济债务之财产状态之际，以使一切债权者，得其公平满足为目的之手续法也。故债务者之财产若散在两国以上之际，而欲使总债权者得公平之满足，则当一国起破产事件时，即以其国之破产法支配他国内之事实，而使发生破产法上之法律关系。斯不独无绝对的不可之理，且可谓有实际上之必要者也。

　　然在今日之国际关系（与国际民事诉讼法所述同）尚未能达此域，破产法上之宣告破产效力，不能及于外国之论，尚有为一般通说（亦有反对说）之势焉。

　　【按】例如，有中国人受中国裁判所宣告破产，其财产全额值一百万元，在中国者只20万元，在日本与英国者共值80万元，中国宣告破产之效力不能及于外国则债权者，损害不少。将来法律进步，必使一国破产之效力可以及于外国方为完善。今日尚未能达此域也。

　　本章所述外国法、外国法之适用，惟国际私法各国规定稍为完全。然不过各国国内法所规定，尚非国际团体所规定。（其）他如国际刑法、国际民刑诉讼法、国际破产法均未发达，所以有下第五章"国际的诉讼共助及犯罪人引渡"之说明也。

第五章
国际的诉讼共助及犯罪人引渡

关于民事，一国之私法虽有适用于他国领土内之际，而民事诉讼法则反。是确定判决，在他国领土内有效力与否，尚属疑问。故欲达民事诉讼之目的，保护涉于两国以上领土之私权使无遗憾，则一国对于他国有求诉讼手续上助力之必要（国际的民事诉讼共助）。

又关于刑事，一国之刑法虽有支配他国领土内犯罪之际，而刑事诉讼法之效力，则皆以为绝对不能及于他国领土内。故亦与民事诉讼同，有对于他国求诉讼手续上助力之必要也（国际的刑事诉讼共助）。

又在刑事诉讼当执行确定判决效力之刑时，若犯罪人在外国，则非请求外国交付其犯人后，不能执行刑罚（犯罪人引渡）。故本章说明此三者，以见国际关系之缺点，现今如何补充之也。

第一节 国际的诉讼共助

国际间诉讼上之共助（英 commissions to the foreign comt，法 commission réquisitoire internationale，德 internationale reebtsbilfe），一面以国际法上条约规定之，一面以缔盟两国之国内法规定之，而其意义与国内诉讼上之共助同。故可以下下之定义〔明治二十九年（1896年，光绪二十二年）《日德议定书》第2条、明治三十一年（1898年，光绪二十四年）《日西议定书》第6条，其他《法瑞条约》《奥塞条约》《法巴条约》及海牙国际法会议决议，明治三十八年（1905年，光绪三十一年）《因外国裁判所嘱托之共助法》和《法院编制法》175，《意民诉讼》945,《奥法院编制法》38—40,《德民诉法》110，英 1856 年（咸丰六年）法 113 章，美 1863 年（同治二年）法 4071—4074 章］。

【按】因外国裁判所之嘱托，就关于民事或刑事之诉讼事件送达书类，及调查证据所为之法律上辅助之谓也（《日共助法》11,《日裁判所构成法》131）。

第一，国际间之诉讼共助，原则上以管辖当处理其所托事务之地之裁判所为之；若受托事项属于他裁判所管辖时，则受托裁判所以其嘱托移送于管辖裁判所（《日共助法》122）。

第二，受外国裁判所共助之嘱托时，其当执行与否，必须先察其具备下之条件与否，而后决定之（《日共助法》4）：①其受托事项据内国法许其施行者；②受托事项属于受托裁判所之管辖者；但若不属其管辖时，可以移送其嘱托于管辖裁判所；③相互条件之存在者。

第三，国际的诉讼共助之际，一国之裁判所处理他国裁判所所嘱托之事项时，须从本国之诉讼手续（《日共助法》3）。

【按】诉讼共助，就国内言，如民刑事件属于甲裁判所者，其证人、证物在乙裁判所，甲裁判所可用文书通知乙裁判所托其代为讯问、调查，所谓诉讼共助也。

国际上亦然。如甲国有民刑事件，其证人、证物在乙国亦可托乙国调查、讯问，但国际诉讼共助大概由条约规定，乙国之裁判官亦当使知共助方法遇有他国托其共助时，始能办理一切。日本与各国所定条约可以参考。

第二节　国际间之犯罪人引渡

国际间之犯罪人引渡（英 extradition，法 extradition，德 anslieferung）云者，乃一国本于条约交付犯罪之他国臣民于其本国，或交付在他国领土内犯罪之人于其国之谓也。

【按】如本国人在他国犯本国之罪，又或在本国犯罪后逃至他国，由本国要求他国引渡，此等办法必由两国条约规定。何种犯罪可以引渡，何种不能引渡各国订约大体共通之内容。略述于下：兹以此定义分析之，则犯罪人引渡有下之两种，其要素略异：一则本于条约。一国交付犯罪之他国臣民于其本国之际；二则本于条约。一国交付在他国领土内犯罪之人于其本国之际。

今以此两种犯罪人引渡之要素分为第一项条约，第二项犯罪人，第三项犯罪，第四项引渡之四者说明之于下：

第一项　条约

一国所罚之犯罪，有在他国领土内犯者，有在其本国犯后而逃走至他国领土内者。因此，文明各国遂以条约互规定犯罪人之引渡，以期达各自刑法之目的（国际法上）。

而缔结此条约之国，又以国内法制定其引渡之手续，以为限制宪法所保障个人身体自由之理由（国内法）。

故谓犯罪人引渡，为对于领土权或司法权之例外之见解，乃不通之谬论也〔参照明治十九年（1886年，光绪十二年）《日美犯罪人引渡条约》，明治二十九年（1896年，光绪二十二年）《日德议定书》，明治三十年（1897年，光绪二十三年）《日西议定书》，明治二十年（1887年，光绪十三年）《逃亡犯罪人引渡条例》，其他欧美诸国间之条约及法律〕。

【按】犯罪人之引渡基于条约，条约又基于国内法，《日美犯罪人引渡条约》最为完全，由《日本宪法》上规定，臣民之身体、自由不得侵害。故规定《逃亡犯罪人引渡条例》各国资为模范也。

第二项　犯罪人

一国依条约所当引渡于他国之犯罪人，要非本国臣民（认本国臣民亦可引渡者，英美所采用之主义也），若为请求引渡国外以国（第三国）之臣民时，则条约上多附以特别约款即或有：①受请求国任意对于第三国发通知之约款，或有②对于第三国之通知亦为任意，而得以犯罪人为第三国臣民之故，拒绝其引渡之约款，或有③必须通知第三国，且必须得第三国之同意，而始能引渡之约款。此三者中以第三种为最普通者也。

【按】犯罪人引渡如系本国臣民，原则上不能引渡，英美亦有例外；若引渡他国之臣民，则各国往往有特别之约款。其最普通者如上第三种是也。

数国同以此一人为犯罪人而请求引渡时（例如，甲国臣民在乙国领土内犯罪后逃至丙国时），则以当应犯罪于其领土内之国之请求说为正当之见解［1880年，（光绪六年）英国阿克斯风儿特所开国际法会议之决议］。（反对说，则谓当引渡于犯罪人所属国。）

【按】如甲国人在乙国领土内犯罪，应听乙国要求以犯罪地为标准也。

然同一人在数国之领土内各为犯罪，而受数国之请求引渡时，则学者之见解纷纷不一也。

如一人在甲、乙、丙、丁四国领土内各为犯罪，四国皆请求引渡，国际法上之学说亦多，要以引渡于最先请求之国之学说，为最普通也。

第三项　犯罪

发生犯罪人引渡问题之犯罪种类，虽当规定于条约中。然在所指定以外之犯罪（准其所指定之犯罪者）虽引渡亦无妨（国际法上），唯以国内法限定犯罪种类者，则不在此限（国内法上）。

在犯罪人引渡问题以外之犯罪，即不能引渡之犯罪，则如下：

第一，政治上之犯罪（英 politieal erimes，法 crimes politiques，德 politisehe verbreehen）。各国政体不同，① 有在君主国以为犯罪，在共和国不以为犯罪者。

第二，陆军军人逃亡罪（英 desertion from military serviee，法 désertion des soldats，德 militarisehe desertion）。

第三，违反税法（英 non-eomplianee with tax laws，法 délits fiseales，德 deiktegesn die finanzhoheit）。

第四，违反行政上之特别法（英 non-eomplianee with regulations，法 lefraetions violantes du systeme d'administration，德 delikte gegen die verwaltungsmassregeln）。

【按】条约指定以外之犯罪，亦有引渡者，但不能引渡者有（如上）四种。

以上四者，即请求引渡被请求国亦不能引渡；盖政治上之犯罪或轻罪普通皆不引渡也。

---

① 政体：国家施政的要领、方针。

第四项　手续

请求犯罪人引渡及受此请求，皆行政之一部分。故须依外交手续（有谓当依司法上手续之说者，误也），当由请求国之外务大臣经公使之手，对于被请求国之外务大臣请求引渡，而被请求国判定其所受请求当否之方法，则有数派。

兹举其重要者两派：一为英派。专委诸裁判所其裁判为公开，然其判决虽认引渡为正当时，而仍不能拘束外务大臣使其必引渡也；二为法派。专委诸行政处分秘密行之，于检察官之前讯问犯罪人后，检察官以其所调查之文书提出于司法大臣，然后大统领据此以决定焉。

【按】法派专委诸行政处分，秘密调查手续甚为妥当；英派必经外务大臣判定，亦慎重也。

请求犯罪人引渡时，须送何种文书，则诸国条约殊不一致：①唯以有委嘱逮捕犯罪之文书，即足者（《法普条约》）；②必要证明送还犯罪人于请求国，所以正当之理由之文书者（大多数条约）；③必要其他之一切大证书证者（《英美条约》）。

【按】余谓三者之中以第②种为可采用，第①种则失之简略，第③种又失之烦琐也。

受犯罪人引渡国之裁判所，原则上不能在请求引渡理由之犯罪以外以他种犯罪处罚之；若新发现有犯罪时，则当以其犯罪为理由，再送请求书于引渡国也。

【按】如在请求引渡理由之犯罪以外，以他种犯罪（陆上不开领土外、领土内，水上不开国内水土、外海）处罚之，则为诈欺行为，故原则上不许也。

　　以上所述虽极简单，然于检察官之职务可以适用。大凡世界上土地不外水陆。在陆上，有领土外与领土内之别；在水上，有国内水上与外海之别。

　　今检察官逮捕犯人或执行判决，其在陆上，则当先审查其人之犯罪在领土内或在领土外；若在领土外，则但能适用请求引渡方法，不能遽用本国诉讼手续逮捕执行；即在领土内，又当审查其地为租界与否，其人有治外法权与否，且其国有领事裁判权与否，如无领事裁判权又当认其有法律冲突问题否，有冲突问题又当审其或适用本国法或适用行为地法或适用所在地法。此种问题，在刑事上尚有普通之例，在民事上极其复杂。如应用外国法时，则不能适用内国法也。

　　就水上言之，则先当分别其为国内水上与外海，国内水上为领海，外海为公海。在公海时，则以船舶为根据；若为己国船舶，则得于其上逮捕、搜查；若为他国船舶，则不能于其上逮捕、搜查；若在领海于他国船舶上，固能为逮捕、搜查之处分；然或为军舰或系有治外法权与领事裁判权之船舰，仍不能为此等处分。此不过就水陆各举其例，如能适用前所述各种法理，应付亦自无穷也。

【跋】

作为本丛书的第三卷,由冈田朝太郎、松冈义正、小河滋次郎、志田钾太郎"日本法学四博士"讲义口授,张智远、王枢、王炽昌笔述的《检察制度详考》,无愧为"中国检察第一书"之美誉,也无愧为欲入中国检察殿堂乃至诉讼特别是刑事诉讼之门的"敲门砖"。

一方面,全书整体展现了讲义口授者、笔述者的检察观:一是明确指出,国家代表创设检察制度的初心,在于维护社会或国家公益,包括刑事诉讼、民事诉讼与非讼等领域的社会公益及国家利益;二是始终强调,检察权的适用可及刑事诉讼、民事诉讼(包括人事诉讼、非讼事件)、行刑与对外关系"四大领域";三是名副其实地"详考"了检察制度的起源、发展、意义,检察厅(局)之组织、权限及其书记课,以及检察官之考试、实习、任用、定员、官等、权限、薪俸与其补助机关、辅佐员,等等。

另一方面,书中的下列观点也值得关注深思:

——15世纪以后,检察官之主要职务在实施刑事诉追,检察官补监视诉讼之开始及进行,全体代诉人专处理起诉之事务。然(检察官)职务之范围绝不止此,除确保诉讼上之国库收入外,又代国家保障一切公益、拥护法令、保护国民,对于寡妇、孤儿加特别之保护;有时为补终审审理厅推事之不足,由王命代诉人行推事之职。此外,更使为与其性质全异之事——监视图书馆及法科大学、检查度量衡、决定面包代价,并有干预纯乎私事之例(原书第13页);

——凡犯罪皆属有害国家公益,害国家之公益有同时又害私人之私益者,固不待言。故诉权应专属之于国家,此公诉之称所由来也(原书第82页);

——司法事务不尽与国家利益有关,然如有关于国家之利益者,国家不能不主张之。但国家为无形体不能自己主张利益,故特设检察机关以主张之(原书第 122 页);

——直接关于公益之时,其范围如何?此问题于检察官参与民事之权限大有关系,如从前定。又此际检察官代表国家为审判之着手者,或法律之番人(卫士)而参与民事诉讼,其参与民事诉讼之形式则意见之发抒或附带之申诉也(原书第 134—135 页)……

另外,上述观点,一则,与 2017 年 9 月 11 日,习近平总书记写给第 22 届国际检察官联合会年会暨会员代表大会的贺信内容——"检察官作为公共利益的代表,肩负着重要责任……中国检察机关是国家的法律监督机关,承担惩治和预防犯罪、对诉讼活动进行监督等职责,是保护国家利益和社会公益的一支重要力量"不谋而合,值得深思研究。二则,也为探索填补我国现行《民事诉讼法》第 55 条第 2 款、《行政诉讼法》第 25 条第 4 款之"等外"检察公益诉讼案件空白,提供了借鉴。三则,法律监督也属于公益范畴之论点成立,尤其是在"有国必有法,有法必有执法者,有执法者贵有检验其执法良莠的监督者"之语境下……一言蔽之,也可跳出诉讼禁锢,从"法律实行贵在监督"视角审视法律监督及其检察监督……

此外,现在看来,《检察制度详考》当初破解"无专书研究"检察制度,以及"方今司法独立检察之制,系属创设及宜讲明,以资参考"之希望与效能仍在。

最后,还应感谢薛远硕士的点校与外文帮助。

薛伟宏
2020 年 10 月 2 日于京西